Luis Durnwalder

Peter Plaikner

Luis Durnwalder

Der Südtiroler und Europäer

styria premium

Inhalt

Vorwort

Durnwalder! Es ist eher ein Verzweiflungsakt als eine Überzeugungstat. Mitten im Brainstorming zu einer Buchreihe. Tiroler Köpfe. Solche, die das Land prägen. Aber nicht nur durch ihre Arbeit, sondern auch mit ihrem Leben. Prallvoll also. Viele gibt es da nicht.

Von den 200 Wichtig- und Notwendigkeiten, die vom Möchte-Gern-Event bis zum offiziellen Festakt dem Land ihre Stempel aufdrücken, bleibt kaum ein Zehntel übrig, dessen gute und schlechte Seiten einem Buch genügend Seiten mit Chancen auf Leser verschaffen. Gewogen und zu leicht befunden: Das ist keine Bösartigkeit, sondern Prägung durch eine Ära der Pragmatiker. Das System bevorzugt stromlinienförmige Mehrleister, scheut widerspenstige Querköpfe und bietet den Balancierern nur selten Aufstiegsmöglichkeiten. Klare Positionierung ist alles.

Also Durnwalder! Was als diskussionsfördernder Ausrutscher über den Alpenhauptkamm gedacht ist, entpuppt sich als umgehende Heimholung. Tirol-Denken in Innsbruck endet trotz aller Beschwörung der Europaregion noch allzu oft bei Kufstein und am Arlberg, in Scharnitz und auf dem Brenner. Doch je ost-, desto österreichischer erscheint die Wirkung des Landeshauptmanns von Südtirol. Anders als seine neun innerstaatlichen Kollegen ist er in Wien zwar keine Macht, macht aber auch hier gute Figur – und in Rom *bella figura*. Also eine Biografie.

Dann die Erkenntnis – Durnwalder wird 70. Also ein Buch bis zum 23. September 2011. Welches Buch? Nein, keine wirkliche Biografie. Die gibt es schon. Mein Kollege Robert Asam hat sie zum sechzigsten Geburtstag geschrieben – *Der Luis* (Athesia, Bozen 2001). Eine Fundgrube. Also „Luis, 60 plus"? Ich sammle viele Wochen nur in Archiven, führe Interviews und überlege immer verzweifelter: Wie legst du ihn an? Der Berg an Unterlagen wächst, ohne in eine Struktur zu gipfeln. Letztlich entsteht sie unspektakulär aus einer Frage: „Luis Durnwalder, der Südtiroler und Europäer: Fühlen Sie sich mit dieser Bezeichnung wohl?“ Die Antwort kommt derart schnell bejahend samt leidenschaftlichem Plädoyer für ein Europa der Regionen, dass nicht nur der Titel des Buches gefunden ist.

Dies hier soll eine Erkundung sein, das Wagnis von Tuchfühlung. Es ist somit ein Balanceakt für das Selbstverständnis eines kritischen Journalisten, der durchaus eingesteht, sich von der Ausstrahlung des Porträtierten immer wieder vereinnahmen zu lassen. Weil der ein Dinosaurier ist, ein machtvolles Urvieh inmitten der Cyborgs der aktuellen Politikszenerie. Ein legitimer Nachfahr der Wallnöfers und Gleißners, der Haslauers und Krainers (jeweils senior), wie es ihn heute in Österreich nicht mehr gibt. Das ist zwar demokratiepolitisch in vielfacher Hinsicht bedenklich, aber autonomiespezifisch erklärbar – und eher eine Folge des Systems als sein prägender Stempel.

Die Kritik erfordert Distanz, das Porträt benötigt Nähe. Im Versuch, Durnwalder zu erklären, liegt schon die Grenzüberschreitung. Was im Buch Ursachenforschung ist, wäre für Tagesmedien Anbiederung. Es bietet Vor- und Nachteile zugleich, dies als einer *von draußen* über einen *von drinnen* zu tun. Einerseits bist du nirgends drin und andererseits bist du nirgends drin. Der Abstand zu Partei, Flügel, Fraktion hilft, die Entfernung zu Themen, Anliegen, Bedürfnissen erschwert mein Vorhaben, das letztlich auch ganz persönliche Beweggründe hat.

Als Luis Durnwalder 1941 in Pfalzen geboren wird, ist mein damals acht Jahre alter Vater schon ein Jahr weg von seiner Heimat im Pustertal und lebt in Innsbruck. Das Kind einer Optantenfamilie aus Olang, der heute noch ein anderer wird, wenn es *eini* geht, nach *drinnen,* in die emotionale Heimat über den Brenner. Da ist Verklärung nie weit, aber Erklärung selten nah. Als Sohn einer norddeutschen Mutter ist mir vielleicht mehr bewusst als manch „reinrassigem" Tiroler, wie sehr sich diese an Etsch und Eisack von jenen an Inn und Sill unterscheiden. Seit ich Teilzeitkärntner bin, wird mir dieser südländische Einfluss noch deutlicher – und interessieren mich die Bruchlinien und Schnittpunkte zwischen germanischer, romanischer (und slawischer) Prägung immer mehr.

Dieses Buch ist also der Versuch einer Annäherung, aber nicht Anbiederung an Luis Durnwalder, obwohl ich dessen private Verlust- und Trennungsschmerzen aus eigener Leiderfahrung gut nachvollziehen kann. Es handelt vor allem von seinem ersten Jahrzehnt in diesem Jahrtausend – Eindrücke eines prallen Lebens, aber keine Nabelschau. Wie kaum eine andere öffentliche Person verkörpert er den Umbruch einer traditionell konservativen Gesellschaft in ein neues Miteinander. Es ist weniger von Beschränkungen geprägt, als es das 20. Jahrhundert in Tirol war. Doch die neuen Hürden wirken mitunter unüberwindlicher als die alten Grenzen.

Lange Interviews mit Luis Durnwalder selbst, aber auch mit Wendelin Weingartner, Reinhold Messner und Hans Karl Peterlini bilden den Kern dieses Werks. Sie haben die Verschriftlichung dieser Gespräche durchwegs autorisiert. Doch ohne den Zuspruch meiner Partnerin, der Politikwissenschaftlerin Kathrin Stainer-Hämmerle, ohne das Verständnis ihrer Tochter Magdalena und ohne die Nachsicht meines Sohnes Felix wäre dieses Buch dennoch nicht entstanden. Auch sie haben großen Anteil daran, wenn Sie, liebe Leserin, lieber Leser, Gefallen daran finden. Danke.

Gedankensplitter 1

Besuch im Felsenkeller

Erinnerungen und Assoziationen zu einem langen Abend „im Reich der Sinne".

Es ist ein Vorgeschmack. Irgendwann vor der Jahrtausendwende. Als die Moser Holding und damit ihre *Tiroler Tageszeitung* noch zu 65 Prozent dem deutschen Axel Springer Verlag gehören. Als niemand ahnt, dass von 2003 bis 2007 die Athesia der Hälfte-Eigentümer des *TT*-Konzerns werden sollte. Als Wendelin Weingartner Landeshauptmann ist und die Europaregion mit Südtirol und Trentino forciert. Als Herwig van Staa Bürgermeister von Innsbruck ist und gegen eine Tirol Bank mit Sitz in Bozen schwadroniert. Als Toni Ebner schon im Aufsichtsrat der Hypo sitzt und Michl Ebner im Vorstand der Tiroler Volkspartei.

Da lädt Luis Durnwalder die Spitzen der *TT* ins Landesweingut Laimburg, Ausfahrt Auer/Ora der A22. Es fehlt die Erinnerung an die Erwartungshaltung zu diesem Abend, doch die Bilder davon haben sich tief ins Gedächtnis eingeprägt: Ein massiver Tisch inmitten von Fels. Rund herum Stühle mit hohen Lehnen. An der Spitze der Hausherr, mit ihm die staunende Tafelrunde. So viel Selbstinszenierung war nie auf der nördlichen Seite des Brenners. Die in Stein gehauene Macht eines Landesherrn mit mehr als 100.000 Vorzugsstimmen. Ein Rivale, der die einst dominierenden Kontrahenten übertrumpft. Die armen Vettern im Süden haben die reichste Provinz Italiens geschaffen. Durnwalder braucht das nicht zu sagen. Es ist greifbar wie sonst nirgends – in diesem öffentlich nur beschränkt zugänglichen Raum.

Ein Herrscher „im Reich der Sinne", wie die Laimburg ihren Felsendom bezeichnet, den das Südtiroler Landesweingut Ende der 1980er Jahre als zusätzlichen Raum für die Einrichtung eines eigenen Holz- und Flaschenkellers benötigt: „Da der Kellereibetrieb direkt an den Fels gebaut ist, bot sich eine Erweiterung in den Berg als ideal an. Mit der Kraft von fünf Tonnen Dynamit entstanden im rotbraunen Porphyrgestein des Mitterberges ein Barrique-Fasskeller und ein Keller für die Lagerung von Flaschen bei einer natürlich-konstanten Raumtemperatur. Zusätzlich wurde auch ein 300 Quadratmeter großer Raum aus dem Felsen gesprengt. Der Saal dient der Vorstellung Südtirols als Weinland bei offiziellen Anlässen sowie der Südtiroler Landesregierung als Repräsentationsraum." So steht es auf der Homepage. Alles andere macht der Chef, der Landeshauptmann, die Repräsentation an sich. An jenem Abend mit der *Tiroler Tageszeitung* übernimmt er um Mitternacht den Schlüssel zu den besten Tropfen vom wenig verblüfften Kellermeister. *Il principe.* Ein genauer Beobachter bis zum letzten Prost. Politik auf Südtirolerisch heißt, früher aufstehen und länger ausharren.

Kapitel 1

Ein Nachzügler wird zum Vorprescher

Pfalzen–Neustift–Wien und zurück: Der Weg ins Landhaus von Bozen

Er ist vier Tage jünger als Umberto Bossi und fünf Tage älter als Edmund Stoiber. Doch anders als der Chef der Lega Nord und der Ehrenvorsitzende der CSU wird Luis Durnwalder nicht in einem Staat geboren, den er jemals als Heimat empfinden kann. Dieses Gefühl spart er sich bis heute für sein Land, sein Tal, seine Gemeinde auf. Als er am Nachmittag des 23. September 1941 in Pfalzen zur Welt kommt, gehört Südtirol bereits 22 Jahre zu Italien. Vom Geburtsdatum her noch als Jungfrau verdächtig, ist das fünfte von elf Kindern doch schon eine Waage. Das entspricht den späteren Aufgaben des Pusterers – ausgleichend zwischen der österreichischen Minderheit im Staat und der italienischen Minderheit im Land. Integrierend für nah und fremd, für die *eigenen Leute* und seine wachsende Wählerschar mit *voti di preferenza,* die er erst spät kennenlernen sollte. Die andere Realität Südtirols, wo zwei Welten erst ganz langsam zusammenwachsen: Der Landeshauptmann ist ein Sinnbild dafür.

Ein deutscher Staatsbürger in Italien

Als Luis Durnwalder auf dem Oberwalderhof geboren wird, hat Pfalzen rund tausend Einwohner. Für 1936 verzeichnet die Ortschronik 1.120, für 1951 wieder 1.126 Gemeindebürger. Zahlen haben keine

Emotionen. Doch die Auflistung von Istat – dem nationalen italienischen Institut für Statistik – im Zehn-Jahresrhythmus von 1921 bis 2001 macht sich verdächtig: Nur 1941 fehlt. Solche Lücken mögen überall in Europa dem Zweiten Weltkrieg geschuldet sein. Für die Südtiroler bedeutet es noch mehr an Tragik. 1939 vor die Wahl gestellt, auszuwandern oder sich italienisieren zu lassen, entscheiden sich 86 Prozent für das Deutsche Reich. Die Optanten geben lieber ihre Heimat auf als Sprache und Kultur.

Luis Durnwalder kommt auf eine Welt, die es so nicht mehr geben soll. Der Auszug der Südtiroler aus Italien ist in vollem Gange. Rund 75.000 ziehen weg. Die Durnwalders sind noch da. Sie sollen auf die Krim. Doch 1942 wird das Umsiedlungsabkommen von Berlin und Rom einvernehmlich sistiert, und 1943 besetzt die Wehrmacht Südtirol. Die Option ist beendet. Die Durnwalders behalten bis 1949 die deutsche Staatsbürgerschaft, um dann wieder die italienische zu erhalten. Sohn Luis sieht sich bis heute als Vertreter einer österreichischen Minderheit.

In die Schule kommt er allerdings formal als Deutscher in Italien. Auch wenn es dort, 1948 in Aschbach, so tirolerisch ist, wie es nur sein kann. Im Jahr des ersten Autonomiestatuts, als US-Präsident Harry Truman den Marshall-Plan unterzeichnet und die Berliner Luftbrücke beginnt, schickt Vater Durnwalder seinen Hüterbuben mit zwölf Monaten Verspätung zum Lernen. Jeden Schultag legt er zumindest 90 Minuten von und zum elterlichen Hof zurück. Er ist gut zu Fuß, aber besser noch im Kopf. Das fällt bei der Abschlussprüfung auf – 1955, als der Warschauer Pakt gegründet und der Staatsvertrag für Österreich unterzeichnet wird, das wie Italien den Vereinten Nationen beitritt. Da überzeugt Friedrich Zingerle, der Brunecker Volksschuldirektor, Johann Durnwalder vom Oberwalderhof in Pfalzen, dass für seinen Sohn Luis das Gymnasium in Neustift das Richtige ist. Klares Berufsziel: Priester.

Am Rande der Feuernacht: Zwei Priester weniger

1961 wird John F. Kennedy US-Präsident, ist Juri Gagarin der erste Mann im All, beginnt der Bau der Berliner Mauer und hat Südtirol andere Sorgen. Durch die Sprengung von 37 Strommasten in der Feuernacht vom 11. auf den 12. Juni erreicht die Auseinandersetzung zwischen dem Staat und seiner nördlichsten Provinz ihren Höhepunkt. Nie ist die internationale Aufmerksamkeit dafür größer. Schließlich trägt Rom dieser Sensibilisierung der europäischen Öffentlichkeit Rechnung und setzt die so genannte 19er-Kommission ein. Sie soll die Südtirolfrage aus möglichst vielen Blickwinkeln beleuchten und der italienischen Regierung Vorschläge für eine Lösung des Problems an der Nordgrenze ausarbeiten.

Unterdessen plagt Luis Durnwalder ein unpolitischer Konflikt: Es naht sein Noviziat. Doch der 20-Jährige entschließt sich gemeinsam mit seinem zwei Jahre jüngeren Bruder Sepp, den in Neustift vorgezeichneten Weg zu verlassen. Ein kleiner Verlust für die katholische Kirche, ein großer Gewinn für die Südtiroler Politik. Luis maturiert 1962 – als Alfons Gorbach durch die Nationalratswahl als österreichischer Bundeskanzler bestätigt wird, die Beatles ihre erste Single „Love Me Do" aufnehmen, Conny Froboess mit „Zwei Kleine Italiener" das Schlagerfestival in Baden-Baden gewinnt und in Innsbruck der Alpenzoo eröffnet wird.

Bodenkultur, Rechtswissenschaft und Politik

Abgesehen von drei Tagen in München kennt der 21-Jährige noch kein Ausland, als er nach der Reifeprüfung in Wien zu studieren beginnt. Das schützt ihn jedoch nicht vor einer Anklage wegen Fahnenflucht, die aber eingestellt wird. Als Hörer an der Universität für Bodenkultur – offiziell – erhält er Aufschub und widmet sich – heimlich – daneben dem Jusstudium. Das eine, vom Vater gewollte, schließt er nach vier Jahren mit dem Doktorat ab, das andere, selbst erstrebte, lässt er – trotz Fortsetzung in Innsbruck – nach neun Semestern sein. Die Jahre in Wien sind der Beginn einer beinahe zufällig wirkenden Politisierung, gipfelnd in der Funktion des Präsidenten der Südtiroler Hochschülerschaft (SH).

Nachdem in Rom die 19er-Kommission ihre Arbeit beendet und sich vielen Forderungen aus Bozen anschließt, beschließen 1964 bei einem Treffen in Genf die Außenminister Bruno Kreisky und Giuseppe Saragat die Einsetzung einer österreichisch-italienischen Experten-Kommission zur Umsetzung der Vorschläge, die in den Folgejahren durch zähe Verhandlungen zwischen Ministerpräsident Aldo Moro und Landeshauptmann Silvius Magnago noch deutlich erweitert werden. Unterdessen wird Luis Durnwalder Ende 1964 in einer Kampfabstimmung zum SH-Chef gewählt. Das personifizierte Aufbäumen eines bäuerlich bewahrenden, katholisch konservativen Weltbildes gegen den Sturmlauf jenes gesellschaftlichen Umbruchs, der später unter dem Kürzel „68er“ zusammengefasst werden sollte. Der Präsident der Hochschüler wirkt dabei deutlich weniger ideologisch getrieben als ein damals vor allem noch religiös motivierter Aktivist und Chronist der Südtiroler Hochschülerschaft – Alexander Langer, der spätere Gründer der Alternativen Liste und Mitinitiator der Grünen in Italien.

Frühes Netzwerk in Österreich und Deutschland

So wenig der Bergbauernbub in seiner Jugend von der Welt sieht, so wichtig sind die internationalen Kontakte, die der Student knüpft. In seinem Döblinger Domizil führt Josef Riegler, der künftige ÖVP-Bundesobmann und Vizekanzler, als Heimleiter kein allzu strenges Regiment. Als Erwin Pröll, der heutige Landeshauptmann von Niederösterreich und wohl mächtigste Politiker der Österreichischen Volkspartei insgesamt, an der Boku (Universität für Bodenkultur) beginnt, legt Durnwalder dort seine letzten Etappen zurück. Schon 1963 lernt er bei einem Ferialjob für BASF in Ludwigshafen Helmut Kohl kennen, den späteren Ministerpräsidenten von Rheinland-Pfalz und deutschen Bundeskanzler. Silvius Magnago, seinen Südtiroler Landeshauptmann, trifft er dagegen erstmals 1965 – daheim bei einer Studientagung der Hochschülerschaft in der Landwirtschaftsschule Dietenheim.

Durnwalder holt nach und auf. Den Sommer vor dem Studien-Ende verbringt er in England. Im Herbst 1966 schließt er als Diplom-Ingenieur in Wien ab und promoviert anschließend in Florenz zum Doktor. Doch so wie er in Großbritannien inmitten von deutschsprachigen Gastarbeitern nicht Englisch lernt, verlernt er in Österreich eher das, was sie ihm an Italienisch in Hofern und Neustift beigebracht haben. Da gewinnt in Wien erstmals nach dem Krieg die ÖVP unter Bundeskanzler Josef Klaus die absolute Mandatsmehrheit. Doch als der Pusterer heimkommt ins Tal, tobt schon die chinesische Kulturrevolution, ist Leonid Breschnew gerade Generalsekretär der KPdSU und wird Ronald Reagan Gouverneur von Kalifornien. Der Kulturschock bleibt trotzdem aus. Casano Magnago, der Geburtsort Umberto Bossis, ist immer noch 400 Kilometer von Pfalzen entfernt, Oberaudorf, die Heimatgemeinde Edmund Stoibers, liegt 180 Kilometer nah. Internationalisierung bedeutet für Luis Durnwalder in diesen Jahren die Pflege seiner Kontakte über den Brenner hinweg.

Aus dem »Summer Of Love« zum Bauernbund

Der frisch gebackene *Dottore* verdingt sich dann als Lehrer für Mathematik und Naturkunde an einer Mittelschule in Bruneck. Ein Zwischenspiel, das schon bald durch einen stärker fordernden Hauptberuf zum Nebenjob degradiert wird. 1967, nachdem bei Protesten gegen den Schah-Besuch in Berlin der Student Benno Ohnesorg erschossen wird, Israel sich im Sechs-Tage-Krieg gegen seine Nachbarn durchsetzt und in den USA der *Summer Of Love* den Höhepunkt der Hippie-Bewegung markiert, wird Luis Durnwalder Vizedirektor des Südtiroler Bauernbundes.

Es muss für ihn eine ganz andere Welt sein, als er nach den vier Auswärtsjahren zurückkehrt in die Heimat. Seine Studienorte Florenz und Wien stehen damals im Banne der Studentenbewegung, im Sog der 68er. Und der Pustertaler ist als Präsident der Südtiroler Hochschülerschaft (SH) 1965 durchaus einbezogen in diese grundsätzlichen gesellschaftlichen Auseinandersetzungen. Stellvertretend dafür stehen seine und die geradezu gegensätzliche ideologische Entwicklung des fünf Jahre jüngeren Sterzingers Alexander Langer, der sich vom tief religiös inspirierten Aktivisten zum Idol der linken Alternativen und Pionier der gesamtitalienischen Grünen entwickelt. Der Pustertaler dagegen bleibt sowohl bei seinem Zwischenspiel als Mittelschullehrer in Bruneck als auch in seiner Arbeit für den Bauernbund gleichermaßen unberührt von den gesellschaftlichen Aufbrüchen wie der italienischen Seite von Südtirol.

1968 erreichen in Frankreich und Deutschland die Studentenproteste ihren Höhepunkt, beginnt und endet der Prager Frühling, verliert Lyndon B. Johnson infolge des Vietnam-Kriegs die Wahl zum US-Präsidenten, werden durch Schussattentate Martin Luther King und Robert Kennedy getötet und wird Rudi Dutschke lebensgefährlich verletzt – während in Südtirol Luis Durnwalder vom Stellvertreter zum Direktor des Bauernbunds aufsteigt. Es ist eine andere Welt, in der die Volkspartei bei der Landtagswahl 60,1 Prozent der Stimmen erreicht, aber mit 16 von 25 Sitzen die Zwei-Drittel-Mehrheit bei den Mandaten wie 1964 knappest möglich verpasst (davor gibt es nur 22, danach 34, seit 1983 volkszählungsbedingt 35 Abgeordnete).

Mann am Mond und Bürgermeister von Pfalzen

Umso erstaunlicher, dass ein derart Geprägter heute als Beginn seines realpolitischen Engagements weder die SH noch den Bauernbund nennt, sondern es auch angesichts einer für seine Heimat international entscheidenden Phase daheim in Pfalzen ansiedelt. 1969, als Richard Nixon amerikanischer Präsident und Willy Brandt deutscher Kanzler wird, als Frankreichs Staatschef Charles de Gaulle zurücktritt und Neil Armstrong den Mond betritt, befürwortet die SVP das so genannte Paket, 137 Maßnahmen zum besseren Schutz der Südtiroler. Dann billigen es die Außenminister Kurt Waldheim und Aldo Moro bei einem Treffen in Kopenhagen, und schließlich stimmen ihm das Parlament in Rom und der Nationalrat in Wien zu. Unterdessen hat Luis Durnwalders Geburtsort Pfalzen kaum 1.500 Einwohner und kürt einen neuen Gemeinderat.

„Die Wahl zum Bürgermeister war schon etwas Besonderes. Da habe ich ja den ersten Kontakt zum politischen Leben gekriegt. Ich war davor in Wien, bin zurückgekommen und habe nicht recht gewusst, was tun. Also habe ich erst einmal unterrichtet, und Bürgermeister bin ich dann beim Watten geworden. Wir sitzen und spielen, plötzlich kommt ganz hektisch der Ortsobmann vom Bauernbund ins Gasthaus. Dann bin ich halt hin und frag': ‚Was bist denn so nervös?' Weil er Kandidaten für die Gemeinderatwahl sucht und keine findet. Also habe ich zu ihm gesagt: ‚Setz dich nieder, trink einen Kaffee, und dann kannst uns alle vier aufschreiben.' Ich wollt ja nur eine Hetz machen. Aber der hat uns alle aufgeschrieben. Dann ist die Wahl gewesen, und wir haben die meisten Stimmen bekommen. Also haben ein paar gesagt: ‚Jetzt machst du den Bürgermeister.' Aber damals hatte ich noch ein Schamgefühl in der Form, dass ich mich nicht selber gewählt habe. Acht von 15 Stimmen hätten zwar genügt, aber mir war das zu wenig. Eine Woche später ist dann wieder gewählt worden. Da habe ich neun Stimmen bekommen, weil ich mich selber gewählt habe. So hat das bei mir begonnen mit der Politik."

Da ist zwar einer als Doktor zurückgekommen, aber die Theorie ist bis heute nicht sein Ding. Luis Durnwalder ist über alle Karrierestationen jener Typus geblieben, der beim Watten in Pfalzen da war, weil er gebraucht wurde. Freunde und Gegner attestieren ihm gleichermaßen Aktenstudium und Sachkenntnis bis ins kleinste Detail als herausragende Fähigkeiten, doch sie unterliegen letztlich einer Praxisorientierung bis ins Mark. Ganz im Sinne von Bismarck huldigt er einer Politik als Kunst des Möglichen bzw. Machbaren.

„Ich habe mich, ehrlich gesagt, nie direkt als Politiker gesehen, weil ich viel mehr Verwalter bin als Politiker. Deswegen habe ich auch nie den Parteiobmann gemacht. Auch wenn das vor ungefähr zehn Jahren viele gewollt haben. Denn als Landeshauptmann bist du für alle drei Volksgruppen da. Als Parteiobmann hingegen bist du vorwiegend für die deutsche und ladinische Bevölkerung da. Jetzt kannst du nicht an einem Tag gegen zu viele Vorrechte der Italiener sein – die sie damals teilweise noch hatten – und am nächsten Tag zu den

Italienern sagen, ich bin natürlich auch euer Landeshauptmann. Heute ginge es ohne weiteres, beides zu machen. Im Grunde genommen wäre es auch vernünftig, das zusammenzulegen. Aber ich würde auch heute nicht beides machen. Denn ich bin ein Pragmatiker, der was machen will und wenig anfangen kann mit Ideologie. Das heißt nicht, dass ich nicht zur Partei stehe. Aber wenn einer auf Draht ist, ist es mir ziemlich wurscht, wenn er in einer anderen Partei ist. Natürlich hätte ich ihn lieber in der eigenen. Aber ich war nie ein Parteimensch im landläufigen Sinn."

Der Bauer bestellt das Feld Südtirol

Vom einstigen österreichischen Bundeskanzler Wolfgang Schüssel gibt es einen legendären Filmmitschnitt, wie er Kindergartenkindern erklärt, was denn sein Beruf ist. Er sagt dort zuerst, er sei so etwas wie der Landeshauptmann von Österreich, um sich dann schnell zu verbessern, er sei eher eine Art Bürgermeister von Österreich. Luis Durnwalder weckt mitunter den Eindruck, er regiere das Land wie der Bürgermeister von Südtirol. In der Selbstsicht des Patriarchen stimmt dieses Bild allerdings nicht ganz. Er leitet seinen politischen Stil wesentlich mehr von der persönlichen Herkunft ab.

„Wenn Sie mir sagen, ich bin ein Bauer und verhalte mich wie ein Bauer, dann empfinde ich das als Kompliment. Weil ein Bauer immer versucht, die Realität zu sehen, vor allem darauf schaut, dass der Hof nicht abgewertet wird. Dass er weiter kommt, dass keine Schulden gemacht werden, dass er auf dem Markt bestehen kann – damit er einen modernen, zeitgemäßen Hof hat. Mit dieser Grundhaltung bin ich immer hinter dem Land gestanden und freue mich, wenn ich etwas bewege. Weil in den sechziger Jahren, was haben wir da gehabt? Einen Haufen Kinder irgendwo auf den Höfen – und Vieh. Wir waren auch elf Kinder. Ich weiß noch, wie ich zum Studieren nach Neustift gegangen bin, und mein Bruder auch studieren wollte. Aber der Vater konnte es nicht zahlen. Also musste der Bruder daheim bleiben und ein Handwerk erlernen. So war das damals. Da haben wir enorme geistige Kapazität verloren. Viele Leute, die etwas werden wollten, sind nach Österreich, Deutschland und in die Schweiz gegangen."

Andere sind geblieben oder zurückgekommen – und auch etwas geworden. Das sagt er aber nicht. Durnwalder muss nichts mehr beweisen. Diese Schritte hat er längst hinter sich. Mit hohem Tempo – beruflich und privat.

Aus dem Bauernbund in den Landtag

1972 wird in den USA der Republikaner Richard Nixon mit großem Vorsprung zum Präsidenten gewählt, doch auch der Einbruch ins demokratische Hauptquartier Watergate im Auftrag des Weißen Hauses aufgedeckt. 1972 werden in Deutschland die RAF-Terroristen Andreas Baader und Ulrike Meinhof verhaftet, und die Olympischen Spiele in München werden durch den Überfall palästinensischer Terroristen überschattet. 1972 werden in Kärnten endlich zweisprachige Ortstafeln aufgestellt, doch durch den Ortstafelsturm von der Bevölkerung umgehend wieder entfernt. Es sollte dann fast 40 Jahre brauchen, um diese Frage zu lösen. 1972 tritt in Südtirol das mit dem Paket so lange in Aussicht gestellte neue Autonomiestatut endlich in Kraft. Doch die zur Verwirklichung notwendigen Durchführungsbestimmungen sollten erst 20 Jahre später komplett werden. 1972 heiratet Luis Durnwalder Gerda Furlan.

1973 treten Großbritannien, Dänemark und Irland der Europäischen Gemeinschaft bei, schließen die USA und Nordvietnam Waffenstillstand, werden die Bundesrepublik Deutschland und die DDR in die UNO aufgenommen, löst die OPEC mit einer Preiserhöhung von 70 Prozent die erste Ölkrise aus, wird Luis Durnwalder Vater von Sigrid und tritt als Bürgermeister von Pfalzen zurück. Er kandidiert für den Landtag. Mit 19.173 Vorzugsstimmen erreicht er auf Anhieb das viertbeste Ergebnis aller Kandidaten. Während die SVP von 1968 noch 60,7 auf 56,4 Prozent sinkt und über 5.000 Wähler verliert, kündigt sich bereits zu seinem Start im Provinzparlament ein kommender Star der Volkspartei an.

Doch 1974, als in Washington Richard Nixon aufgrund des Watergate-Skandals zurücktreten muss, in Bonn Helmut Schmidt als Bundeskanzler antritt und in Italien die Finanzkrise fast zum ökonomisch-sozialen Kollaps führt, monatelang keine Post zugestellt wird sowie eine Volksabstimmung mit 59 Prozent für die Beibehaltung der Möglichkeit zur Ehescheidung ausgeht, freut sich Luis Durnwalder erst einmal über die Geburt seines Sohnes Hannes. Der nun zweifache Vater ist mittlerweile auch Regionalassessor für das Grundbuchswesen in der Autonomen Region Trentino-Südtirol und Vizepräsident des Landtages. Auf sein Gehalt als Bauernbunddirektor verzichtet er. Seine Karriereschienen führen direkt in die Berufspolitik.

Von der Abgeordnetenbank in die Regierung

1978 entscheiden sich die Österreicher in einer Volksabstimmung knapp gegen das Atomkraftwerk Zwentendorf, wird in Italien der frühere Ministerpräsident Aldo Moro von den Roten Brigaden ermordet, wird nach dem Tod von Paul VI. und dem kurzen Pontifikat von Johannes Paul I. der Pole Karol Wojtyla zum Papst Johannes Paul II. gewählt und erzielt Luis Durnwalder mit 26.745 Stimmen das drittbeste Ergebnis aller SVP-Kandidaten bei der Südtiroler Landtagswahl. Die Volkspartei gewinnt gegenüber 1973 insgesamt mehr als 30.000 Wähler hinzu und erreicht mit 61,3 Prozent wieder ihre Stärke von 1964. Sie sollte nie wieder so stark werden.

Die Folgen dieses Resultats werden erst fünf Monate später besiegelt: Am 2. April 1979, einen Tag nach der Ausrufung der Islamischen Republik Iran durch Ayatollah Khomeini erlässt die Europäische Gemeinschaft eine Richtlinie, die mit dem Verbot von Vogelfallen vor allem die Italiener trifft, während in Bozen Luis Durnwalder in die Landesregierung eintritt. Der 37-Jährige ist nun Landesrat für Land- und Forstwirtschaft, Jagd und Fischerei. Ein Heimspiel für den bisherigen Direktor des Bauernbundes, der seine Position fünf Jahre später noch festigt. 1983 ziehen erstmals die Grünen in den deutschen Bundestag ein, tritt in Österreich Bundeskanzler Bruno Kreisky zurück und sinkt in Südtirol die SVP trotz eines weiteren Zugewinns von fast 7.000 Wählern auf 59,4 Prozent. Landesrat Durnwalder erhöht sein Vorzugsstimmenkonto auf 32.958. Das reicht aber wiederum nur zu Platz 3 in der parteilichen Popularitätshierarchie. Hubert Frasnelli, der Mitbegründer des Arbeitnehmerflügels, gewinnt bei seinem Wechsel von der römischen Abgeordnetenkammer in den Bozner Landtag 41.157 Stimmen. Die Rivalität um die Nachfolge des nun bereits 69-jährigen Silvius Magnago scheint programmiert. Er ist jetzt immerhin schon 26 Jahre Parteichef und 23 Jahre Landeshauptmann.

Kapitel 2

Die Welt und das Land im Umbruch

Das erste Jahrzehnt als Landeshauptmann im letzten Jahrzehnt des Jahrtausends

Die entscheidende Sitzung hätte sich einen glücklicheren Auftakt verdient: Am 3. Oktober 1988, einen Tag nach dem Ende der Olympischen Spiele von Seoul, stirbt Franz Josef Strauß. Kein anderer Politiker verkörpert stärker die stets hilfreiche Nähe von Bayern zu Südtirol als der Langzeitvorsitzende der CSU. Von 1961 an, ein Jahr nach der Wahl des ein Jahr älteren Silvius Magnago zum Landeshauptmann, bekleidet er bis zu seinem Tod dieses Amt. Dementsprechend muss es mehr gewesen sein als die übliche Geste einer Trauerminute, mit der die SVP ihre Ausschusssitzung beginnt. Denn es ist die Stunde der Wachablöse. Die Südtiroler Volkspartei nominiert ihre Liste für die Landtagswahl – und erstmals seit vierzig Jahren steht Silvius Magnago nicht mehr auf dieser Liste.

Der neue Spitzenkandidat heißt Luis Durnwalder. Der ist zwar bereits seit 1979 Landesrat, wird aber erst in der letzten Phase vor Magnagos Rückzug der Favorit für seine Nachfolge. Dabei hätten die 33.000 Vorzugsstimmen bei der Landtagswahl 1983 schon ein klares Signal an seine parteiinternen Konkurrenten sein müssen. Vom *Alten* zwar ungeliebt, aber umso machtvoller drängt er nach oben. Die Partei erhält unterdessen Rückenwind infolge weiterer Durchführungsbestimmungen zur Autonomie aus Rom: Sprachengleichstellung,

Finanzregelung, Neueinteilung der Senatswahlkreise. Die endgültige Umsetzung des Pakets wirkt 1988 schon greifbar nah.

Erstmals unter Listenführer Durnwalder kommt die Volkspartei bei der Landtagswahl am 20. November 1988 wieder über und zugleich letztmals über die magische Schwelle: 60,4 Prozent – einen Prozentpunkt mehr als fünf Jahre zuvor unter Magnago. Die fast 185.000 Stimmen sind bis heute der Höchstwert für die SVP. Eindrucksvoller und nahtloser lässt sich eine Hofübergabe nicht orchestrieren. Zwanzig Tage nach der Wahl legt die Landesversammlung der Volkspartei in einer zehn Punkte umfassenden Resolution ihre Bedingungen für den Abschluss des Pakets und die Erklärung der Streitbeilegung durch Österreich fest.

Skepsis vom Vorgänger, Vorzug vom Volk

Also ist Durnwalder bei der offiziellen Wachablöse bereits der starke Mann in der SVP, obwohl sein Vorgänger bis 1991 Parteiobmann bleibt: „Eine Wahl zum Landeshauptmann ist schon ein Einschnitt, vor allem bei mir. Denn ich war ja nie als Landeshauptmann vorgesehen. Ich weiß noch, wie der Magnago, der gern den Rubner oder den Spögler gehabt hätte, zwei Jahre vor der Wahl mit dem Mayr gesprochen hat. Der hat zu ihm gemeint: ‚Weißt du, wer der nächste Landeshauptmann wird? Der Durnwalder!' Da hat der Magnago zum Mayr gesagt: ‚Du wirst schon kein schlechter Landesrat sein, aber von der Politik verstehst du wirklich nichts.' Und dann habe ich gleich beim ersten Mal als potenzieller Landeshauptmann schon mehr Stimmen bekommen als der Magnago in seiner besten Zeit. Da hat er nicht gratuliert. Denn so hat er sich das nicht erwartet. Noch am Vormittag, als die ersten Ergebnisse eingetroffen sind, hat er mich gefragt, wie viele Stimmen ich mir denn erwarte. Da habe ich geantwortet, das letzte Mal seien es 33.000 gewesen. ‚Die kannst du vielleicht kriegen', hat er gesagt, ‚aber nicht mehr. Soviel wie ich wird niemand mehr kriegen.' Er hat zu seiner höchsten Zeit 74.000 bekommen. Und dann war er natürlich ein bisschen enttäuscht, dass es bei mir auf Anhieb 76.000 waren."

Durnwalder verweist damit auch seine stärksten Rivalen eindruckvoll in die Schranken. Alfons Benedikter, der ihm bei der Ausschussabstimmung um den Spitzenkandidaten (Ergebnis 46:9:4) noch am nächsten kommt, erhält 22.000, Hubert Frasnelli, der bei der internen Auseinandersetzung nur Dritter wird, 23.000 Vorzugsstimmen. Sie landen dadurch erst hinter Werner Frick und Otto Saurer auf den Plätzen vier und fünf – innerhalb der Volkspartei. Unterdessen entsteht links und rechts von ihr Konkurrenz durch deutschsprachige Parteien. Alexander Langer führt – mit rhetorischer Unterstützung von Reinhold Messner – die Grün-Alternativen zu zwei Mandaten in den Landtag, Eva Klotz erobert eines für den Heimatbund. Sie bleibt, er wechselt schon wenige Monate später ins Europäische Parlament. Die Zeichen stehen allerorten auf Wechsel und Internationalisierung.

Als Wiedervereinigung nicht mehr utopisch klingt

Denn so wie 1968 ein Symbol für gesellschaftliche Öffnung ist, wirkt 1989 als Metapher für politische Wende. Das Ende der 60er- findet im Finale der 80er-Dekade seine inhaltliche Vollendung. Kaum ein anderes Jahr nach dem Zweiten Weltkrieg bringt derart viel nachhaltige Veränderung wie 1989 – global, national und regional. Erst endet mit dem 41. US-Präsidenten George H. W. Bush die Ära von Ronald Reagan, dann fallen der Eiserne Vorhang und die Berliner Mauer. Unterdessen zieht die Sowjetunion nach zehn Jahren Krieg ihre Truppen aus Afghanistan zurück, während sich China mit dem Tian'anmen-Massaker auf dem Platz des Himmlischen Friedens unbelehrbar zeigt. Dennoch träumt die halbe Welt von ihrer neuen Ordnung, und die Tiroler noch ein wenig mehr. Das Wort Wiedervereinigung verliert den Utopia-Charakter.

Es riecht also schon nach Umbruch allerorten, als Luis Durnwalder am 17. März 1989 jenen Silvius Magnago als Landeshauptmann ablöst, der mit 28 Jahren, zwei Monaten und 17 Tagen eine rekordverdächtige Amtszeit absolviert hat. In Österreich übertrifft ihn lediglich Heinrich Gleissner, 1945 bis 1971, aber auch schon 1934 bis

1938 Landeshauptmann von Oberösterreich – gefolgt von Eduard Wallnöfer, 1963 bis 1987 Regierungschef in Innsbruck.

Umbruch allerorten, Traumstart für den Neuen

Nur fünf Tage vor dem politischen Generationswechsel in Bozen erlebt die Tiroler Volkspartei ihren bittersten Absturz: Von den 64,4 Prozent, die sie mit dem „Walli" 1984 erreicht hat, bleiben unter Alois Partl gerade noch 48,7 Prozent. In Mandaten hält zwar die absolute VP-Mehrheit, doch der Absturz nach dem Abgang lebender Legenden mag noch so programmiert sein, die Parteigänger glauben ihn dennoch erst nach dem Fall (Österreichs heute stärkste Langzeithauptmänner, Niederösterreichs Erwin Pröll und Wiens Michael Häupl, starteten mit ähnlich spektakulären Verlusten).

Luis Durnwalder hätte bei seinem Start kaum ein schlechteres Omen als diesen Wechsel draußen in Innsbruck haben können. Mit ihm kommt dort jener einstige Hypo-Chef Wendelin Weingartner in die Landesregierung, der Partl schon 1993 als Landeshauptmann beerben sollte. Einen *one term president,* wie es die Amerikaner nennen würden, die nur zwei Perioden gestatten. Eine Übergangslösung, wie sie nach starken Langzeitregierenden üblich ist. Doch *drinnen* in Bozen ticken die Uhren anders. Da hat Luis Durnwalder längst seine Schäfchen ins Trockene gebracht. Ein Landeshauptmann für alle, der durch diese Offenheit für alle Sprach- und Volksgruppen sogar die engsten politischen Wegbegleiter überrascht.

In seiner Regierungserklärung sagt er: „Ich will diese Funktion im Interesse aller in diesem Land lebenden Menschen ausüben. Ich werde deshalb auch den Kontakt mit der italienischen Sprachgruppe suchen und pflegen und mir in aller Offenheit und Unvoreingenommenheit ihre Vorstellungen und Anliegen unterbreiten lassen und sie von den Vorteilen der Autonomie zu überzeugen versuchen. Ohne dieses Gespräch laufen wir nämlich zunehmend Gefahr, die autonomiefeindlichen Kräfte in unserem Land noch mehr zu stärken. Den italienischen Mitbürgern gebe ich deshalb die Zusicherung, dass ich mich mit ganzer Kraft bemühen werde, den Dialog offen, ehrlich und ohne politische Voreingenommenheit zu pflegen."

Politische Antrittsreden sind vielfach eine Liste der guten Vorsätze, die letztlich im Archiv verschwindet, um später als Versagensbeweis hervorgekramt zu werden. Doch ausgerechnet der Bauernbündler Durnwalder, der laut eigenem Eingeständnis erst in seiner Zeit als Landesrat erste Kontakte zur italienischen Lebenswelt in Südtirol pflegt, setzt den versprochenen unvoreingenommenen Umgang mit ihr konsequent um. Für die Deutschsprachigen *der Luis*, gerät er bei den Italienischstämmigen immer mehr zu *il Durni.* Die integrative Übung gelingt zusehends. Der Landeshauptmann ist, viel mehr als die Partei, die Identifikationsfigur und Angelpunkt dieser Entwicklung.

Medienkonflikt, Autounfall und Wahlsieg

1992 belagert die serbische Armee Sarajewo, wird in den USA Bill Clinton und in Österreich Thomas Klestil zum Präsidenten gewählt, genehmigt die Regierung in Rom unter Ministerpräsident Giulio Andreotti die noch vier ausstehenden wichtigen Durchführungsbestimmungen zur Südtirol-Autonomie und gibt die Regierung in Wien die Streitbeilegungserklärung bei der UNO ab. 1993 tritt der Vertrag von Maastricht in Kraft, beginnt Österreich mit den Beitrittsverhandlungen zur Europäischen Union, wird Wendelin Weingartner Landeshauptmann von Tirol und stellt sich Luis Durnwalder der Wiederwahl.

Da hat er gerade zwei gleichermaßen unterschiedliche wie existenzbedrohende Erlebnisse hinter sich. Die kurze, aber heftige und sogar internationale Kreise ziehende Auseinandersetzung mit Hans Karl Peterlini und der *ff – Die Südtiroler Illustrierte* (siehe „Widersacher wider Willen", der Exkurs 2 in diesem Buch) kostet letztlich aber den Chefredakteur den Job und nicht den Landeshauptmann das Amt. Wenige Monate später überlebt er einen Pkw-Zusammenstoß auf der Brennerautobahn, bei dem der Fahrer des anderen Wagens zu Tode kommt. Doch von Angeschlagenheit keine Spur: Luis Durnwalder bekommt am 21. November mehr als 80.000 Vorzugsstimmen, halb soviel wie die gesamte Südtiroler Volkspartei, die ihr bisher schlechtestes Ergebnis erzielt – sie stürzt ab auf 52 Prozent.

Nach seinem Parteiwechsel 1989 sichert Alfons Benedikter mit Eva Klotz der Union für Südtirol erneut zwei Mandate. Im internen SVP-Wettbewerb fällt Hubert Frasnelli auf den 13. Rang zurück. Mit 40.000 Stimmen die eindeutige Nummer zwei ist – ein Jahr nach seiner Wahl gegen Frasnelli zum Parteichef – Siegfried Brugger. Der Generationswechsel ist vollzogen, doch der erste Urnengang vollkommen ohne Silvius Magnago hinterlässt ein zwiespältiges Bild von einem gestärkten Landeshauptmann, einem ebenfalls bestätigten SVP-Obmann, aber einer durchaus angeschlagenen Partei, der es zusehends schwerer fällt, dem Synonym Gesinnungsgemeinschaft zu entsprechen.

Zerreißprobe für die Sammelpartei

Das Prinzip Sammelpartei, die volksgruppenspezifische Lösung zur Bündelung der deutschsprachigen Kräfte im Land, gerät an die Grenzen seiner ideologischen Strapazierfähigkeit. Dabei werden nicht nur die Zentrifugalkräfte von außen immer stärker. Neben den Linken um Langer und den Rechten um Klotz wachsen auch die Gräben innerhalb der Organisation. Da wirken einerseits die Arbeitnehmer mitunter am Absprung zu einer eigenen Liste. Hubert Frasnelli ist von 1987 bis 1991, dann aber erst wieder ab 1994 stellvertretender Obmann der SVP. Der Chefwechsel erfolgt 1991 nicht direkt vom damals 77-jährigen Magnago zum 39 Jahre jüngeren Brugger, es gibt ein 19monatiges Zwischenspiel durch den 1927 geborenen Roland Riz. In seine Ära fällt das wahrscheinlich auffallendste Indiz einer Zerreißprobe: Christian Waldner, Referent der Jungen Generation veranstaltet im Herbst 1991 die Kundgebung „Nachdenken über Tirol" am Brenner. Eine Demonstration mit dem Hoffnungsschimmer einer allfälligen Wiedervereinigung, von der die SVP kurz vor dem Paketabschluss abrät. Wie sein Nordtiroler Gegenüber Alois Partl nimmt aber Luis Durnwalder teil, hält eine Rede für die Autonomie, wird ausgepfiffen und – am nächsten Tag insbesondere von den italienischen Medien – für seine Besonnenheit gelobt.

Der Landeshauptmann, seit 1984 selbst stellvertretender Parteiobmann, könnte durch eine eigene Kandidatur wohl am ehesten die auseinanderstrebenden Kräfte bündeln. Doch er bleibt sein eigenes Programm und zieht sich 1994 auch von der Position des Vizes zurück. Luis Durnwalder ist da bereits mehr Integrationsfigur für das gesamte Land als es die Sammelpartei der Deutschsprachigen jemals sein könnte. Er prägt konkurrenzlos jenes letzte Jahrzehnt des zweiten Jahrtausends, in dem Südtirol vom Stiefkind der Nachkriegsordnung zur Vorzeigeprovinz eines neuen Europa gerät.

Österreich in der EU, die Euregio in Brüssel

1994 kommt es in Ruanda zum Völkermord, wird Nelson Mandela der erste schwarze Präsident Südafrikas und in Rom nach dem Wahlerfolg seiner Forza Italia Silvio Berlusconi Ministerpräsident. Unterdessen gibt es in Bozen erstmals seit 75 Jahren wieder eine gemeinsame Sitzung der Landesregierungen von Nord- und Südtirol. Das dortige Bekenntnis zu einer gemeinsamen Europaregion bleibt nicht einseitig. Nur wenige Tage später wird es bei einer gemeinsamen Sitzung der Landesregierungen von Bozen und Trient durch Landeshauptmann Carlo Andreotti erneuert. So wie es vor allem Luis Durnwalder in kurzer Zeit gelingt, Südtirol mit seiner italienischen Bevölkerung zu versöhnen, so stark sind die integrativen Signale auch nach Süden. 1995, im Jahr des serbischen Massakers in Srebenica, wird Jitzchak Rabin bei einer Friedenskundgebung in Tel Aviv ermordet, tritt Österreich der Europäischen Union bei und eröffnen Tirol, Südtirol und das Trentino ein gemeinsames EU-Büro in Brüssel. In Stift Stams und auf Schloss Tirol begleitet die erste gemeinsame Landesausstellung die schrittweise Annäherung. Titel: „Eines Fürsten Traum". Ein Schelm, wer Heutiges dabei denkt. Gemeint ist die Entstehung Tirols unter Graf Meinhard II.

Fünfzig Jahre nach der letzten Teilung infolge des Zweiten Weltkriegs geht es zusammen in Richtung Europa. Aber nicht ohne Querschüsse. Rom verbietet staatlichen Vertretern die Teilnahme an der Büroeröffnungsfeier in Brüssel. Doch das hindert weder

Andreotti noch Durnwalder, der zwar den Erhalt des entsprechenden Ministerratsbeschlusses bestätigt, sich aber lediglich als Vertreter eines Landes sieht. Jeder, der behaupte, man wolle mit der Europaregion Grenzen verschieben, lüge, weist der Südtiroler Landeshauptmann die Einwände aus Italien zurück und erklärt zurückhaltend: „Das gemeinsame Büro in Brüssel ist ein Schritt der grenzüberschreitenden Zusammenarbeit: Damit haben wir aber nicht die Europaregion aus der Taufe gehoben." Der Tiroler Agrarkommissar der EU betrachtet die Initiative unterdessen schon von der anderen Seite: Ziel und Aufgaben seines Heimatbüros müssten klar definiert sein, damit es auch seine Funktion erfüllt, „zu Hause eine EU zum Anfassen spürbar werden zu lassen. Denn die Leute wollen sehen, was die dort in Brüssel mit ihrem Geld tun."

Schließlich zieht Durnwalder Ende 1995 eine etwas ernüchterte Bilanz: „Hinsichtlich der Europaregion wurde im letzten Jahr viel, oft sogar zuviel geredet und zuwenig getan. Ich bin der Meinung, man sollte wenig davon reden und immer daran denken", bringt er sein Credo auf den Punkt, das von diplomatischer Vorsicht gegenüber Rom geprägt ist. Dort kommt 1996 – entgegengesetzt zum Wahlverhalten in der Provinz Bozen – ein Mitte-Links-Bündnis unter Ministerpräsident Romani Prodi an die Macht, das sich dann aber mit Durchführungsbestimmungen zu Schule, Finanz und Zweisprachigkeit als autonomiefreundlich erweist. Unterdessen wird erstmals „Südtirol heute" in Kooperation mit dem ORF ausgestrahlt, und 5.000 Schützen aus allen Landesteilen feiern in Bozen den 200. Jahrestag des Herz-Jesu-Gelöbnisses. Südtirol bietet ein zwiespältiges Bild aus gestern und morgen.

Trennungen in Politik und Privatleben

1997 wird Tony Blair britischer Premierminister, stirbt Prinzessin Diana durch einen Autounfall in Paris, verliert Juventus Turin die Champions League gegen Borussia Dortmund, Inter Mailand den UEFA Cup gegen Schalke 04, Marco Pantani die Tour de France gegen Jan Ullrich und beginnt für Luis Durnwalder ungeachtet der Univer-

Oben: Geschwisterschar: ganz rechts Sepp, daneben Luis Durnwalder.

Unten: Geburtshaus im Pustertal: der Oberwalderhof im Jahre 1950.

Rechts: Studienjahre: als Präsident der Südtiroler Hochschülerschaft 1965.

Seite 33: Daheim: Kraft schöpfen im Pfalzener Garten.

Südtiroler

Oben: Mit Bundeskanzler Helmut Kohl, einem Gönner seit den 60er-Jahren.

Unten: Verleihung des Bayerischen Verdienstordens:
Mit Ministerpräsident Franz-Josef Strauß 1981

sitätsgründung in Bozen vor allem ein Stakkato an schmerzhaften politischen und privaten Abschieden und Trennungen. Das reicht von der Ermordung Christian Waldners durch den Weggefährten Peter Paul Rainer bis zum Wegzug von Tochter Sigrid nach Fuerteventura. Doch es sollte nur die Ouvertüre bleiben zum Folgejahr, das wiederum global und national geprägt ist von Umbrüchen und neuen Spielern. 1998 werden Google und Attac gegründet, lässt die EU das Medikament Viagra zu, gewinnt Marco Pantani Tour de France und Giro d'Italia, wird in Deutschland Helmut Kohl nach 16 Jahren als Bundeskanzler einer schwarz-gelben Koalition von einer rot-grünen Regierung unter Gerhard Schröder abgelöst, folgt in Italien nach nur 30 Monaten mit Romano Prodi bereits Massimo d'Alema als Ministerpräsident und gerät Luis Durnwalder endgültig ins Spannungsfeld privater Verluste und politischer Erfolge. Ehefrau Gerda verlässt ihn, mit Wendelin Weingartner vollzieht er am Brenner das Schengen-Abkommen, der Konflikt mit Hubert Frasnelli spitzt sich zu und es stehen auch noch Landtagswahlen auf dem Programm.

Mitten in dieser vielleicht forderndsten Lebensphase überhaupt gerät diese Abstimmung zu einem der größten persönlichen Triumphe des damals 58 Jährigen, der schon beinahe eine Dekade an der Spitze des Landes steht. Die Partei wirkt erholt, kommt auf 56,6 Prozent, hat über 170.000 Wähler, rund 10.000 mehr als 1993. Vor allem dank ihres Zugpferdes. Obmann Siegfried Brugger organisiert einen Landeshauptmann-Wahlkampf, der Luis Durnwalder fast 105.000 Vorzugsstimmen beschert. Also betont dieser im SVP-Sinne das Wir, wenn er sagt: „Es ist heute eine ganz große Leistung, solche Mehrheiten zu halten. Es ist ein Zeichen der Reife unserer Wähler, dass sie unsere Leistungen anerkennen und entsprechend honorieren." Silvius Magnago dagegen kann sich die Anmerkung nicht verkneifen, dass er „nie eine solche Unterstützung der Presse" hatte, weist darauf hin, dass die Wahlbeteiligung um fünf Prozent geringer ist und wirft die Frage auf, „ob das die Leute sind, die mit einer gewissen Politik nicht einverstanden sind".

Wegstärkungen für die Jahrtausendwende

Doch bei einer Wahlbeteiligung von 85 Prozent votiert jeder Dritte für *den Luis, il Durni* persönlich. Eine eindrucksvolle Sympathiekundgebung für einen öffentlichen Menschen, die diesen durch die nächsten Monate trägt. Hinweg über den Parteiaustritt seines Gegenspielers Hubert Frasnelli bis zur privaten Partnerschaft mit der deutschen Ärztin Heike Müller. Die letzten Monate der 1990er-Jahre stehen im Zeichen einer politischen und privaten Konsolidierung. Inklusive Dauerthemen zur gemeinsamen Entwicklung und verbaler Scharmützel zwischen Nord und Süd. 1999 endet in den USA das Amtsenthebungsverfahren gegen Präsident Bill Clinton, wird Romano Prodi Präsident der EU-Kommission und in Österreich bei den Nationalratswahlen die FPÖ hinter der SPÖ zur zweitstärksten Partei. Die Sorge um einen allfälligen Bundeskanzler Jörg Haider geht um in Europa. Luis Durnwalder wird im deutschen *Spiegel* zitiert: „Haider nährt Sorge und Unsicherheit in Südtirol", weil dieser die Wiedervereinigung aufs Tapet bringt. Er dagegen glaubt, dass sich bei einer Volksabstimmung zwar sieben von zehn für den Status Quo aussprächen. Bei entsprechender Aufklärung würde aber eine Mehrheit für Österreich stimmen. Der letzte Satz steht nicht im deutschen Nachrichtenmagazin.

Vor der Jahrtausendwende träumen sie beidseits des Brenners von einem bereits 2015 fertig gestellten Basistunnel. Doch während Luis Durnwalder schon die Teilnahme an der endgültigen Aufstellung des Teilungsschmerzsymbols der Dornenkrone in Telfs verweigert, kommt Wendelin Weingartner trotz SVP-Distanzierung zur Gedenkfeier für den Südtirol-Aktivisten Sepp Kerschbaumer nach St. Pauls. Die Landeshauptleute pflegen ein differenziertes Verhältnis zur getrennten Vergangenheit, während sie für eine gemeinsame Jahrtausendwende planen: Ende 1999 gibt auch das römische Regionenministerium grünes Licht für die gemeinsame Präsentation von Tirol, Südtirol und dem Trentino bei der Weltausstellung im nächsten Jahr. Es soll das einzige nicht nationalstaatliche Projekt auf der Expo 2000 in Hannover sein. Der deutlichste internationale Ausweis einer Europaregion seit der Büroeröffnung in Brüssel.

Kapitel 3

Eines Fürsten Traum und Wirklichkeit

Moderne Zeiten – Von der Expo 2000 bis zur Sprachgruppenerhebung 2011

Innerhalb einer Dekade wird selbstverständlich, was zuvor undenkbar erscheint. Seit 1991 gibt es zumindest alle zwei Jahre gemeinsame Sitzungen der Landtage von Innsbruck, Bozen und Trient – ursprünglich noch zusammen mit den Vorarlbergern. 1998 folgt die erste Dreier-Regierungskonferenz, 1999 eine Sitzung der Landeshauptleute der Europaregion. Zum politischen Diskurs kommt die kulturelle Begleitung. Auf die gemeinsame Tiroler Landesaustellung „Eines Fürsten Traum" von 1995 folgt im Jahr 2000 die Trio-Produktion „Circa 1500" in Lienz, Brixen und Castel Beseno. Programmierter Höhepunkt der zur Schau gestellten Gemeinsamkeit ist dann die Präsentation auf der Expo 2000 in Hannover. Dass diese Initiative die hohen Erwartungen kaum zu erfüllen vermag, liegt auch an den ungünstigen Rahmenbedingungen. Die Weltausstellung leidet nicht nur unter der Absage der USA, die zwei Monate vor dem Start ihren Auftritt stornieren, sondern vor allem an Publikumsmangel. Statt der angekündigten vierzig verzeichnet das Spektakel nur achtzehn Millionen Besucher.

Machtkampf im Norden, Rückzug im Süden

Mehr noch allerdings stören die politischen Veränderungen daheim den Erfolg des Projekts. Während in Südtirol neben Landeshauptmann Luis Durnwalder auch die Volkspartei unter Siegfried Brugger wieder Kontinuität ausstrahlt, kommt es in Nordtirol zu Verwerfungen, die just aufgrund solcher Ämtertrennung und der praktischen Anwendung der Europaregion entstehen: Wendelin Weingartner, seit 1991 auch ÖVP-Chef, legt diese Funktion mit dem expliziten Hinweis auf das Südtiroler Vorbild zurück. Er will bis 2004 nur Landeshauptmann sein. Doch er macht die Rechnung ohne den Nachfolger. Ferdinand Eberle spricht sich offen für die Zusammenlegung der Ämter in einer Person aus. Er meint sich, ist ungeduldig und glaubt, im Projekt der Tirol Bank den Hebel für einen frühzeitigen Rückzug Weingartners zu finden. Während dieser wie Durnwalder die Fusion von Südtiroler Sparkasse und Hypo Tirol Bank forciert, arbeiten Eberle und der Innsbrucker Bürgermeister Herwig van Staa dagegen. Letztlich müssen Weingartner und Eberle gehen, van Staa wird 2001 Parteiobmann und 2002 Landeshauptmann. Ein Machtkampf von geradezu Shakespeare'schen Dimensionen, durch den noch einige andere Akteure von der Bühne verschwinden. Der Blick für ein größeres Ganzes geht dabei verloren. Luis Durnwalder bleibt nur die Position des Zuschauers aus der ersten Reihe, während das zarte Pflänzchen Europaregion zusehends verkümmert. Ein paar Jahre später sagt er zur geplatzten Bankenfusion – ganz Diplomat und Pragmatiker: „Das Projekt ist ursprünglich von allen politisch unterstützt worden, und ich bin ein großer Befürworter dieser Zusammenarbeit gewesen. Es ist leider dann etwas politisch missbraucht worden. Zumindest haben gewisse Parteien und gewisse Personen diese Form nicht besonders gern gesehen. Deswegen hat es dann die Schwierigkeiten gegeben, durch die es nicht zustande gekommen ist." Dass Ferdinand Eberle sich am Höhepunkt des Konflikts bereits als neuer Landeshauptmann bei ihm in Bozen vorstellt, kommentiert der Landeshauptmann nicht.

Provinz vor Region, das Land vor dem Staat

Unterdessen kommt es in Rom zu Entscheidungen, die zwar weniger greifbare, aber wesentlich grundsätzlichere Auswirkungen auf Südtirols Zukunft haben als die geplatzte Hochzeit zwischen zwei Geldinstituten: Der italienische Senat verabschiedet ein Föderalismus-Verfassungsgesetz, das nach dem positiven Ausgang einer Volksbefragung Ende noch 2001 in Kraft tritt. Darin sind u. a. der Wegfall des römischen Sichtvermerkes für Landesgesetze, die Ausweitung der Gesetzgebung des Landes und auch die Einfügung des Begriffes „Südtirol" in die italienische Verfassung verankert.

Luis Durnwalder sieht darin den vielleicht größten politischen Meilenstein nach dem Millennium: „Damals haben wir vor allem erreicht, dass die Region anders konzipiert wird. Ich bin ja heute noch der Meinung, es bräuchte sie gar nicht. Doch die Italiener wollen die Region als heilige Kuh aufrechterhalten, weil sie glauben, dass sie ein Bindeglied ist zwischen Trient und Bozen. Und auch die Italiener von Bozen sagen, auf diese Art und Weise haben wir dann gemeinsam doch die Mehrheit. Doch 2001 haben wir erreicht, dass die Region nicht mehr unterteilt ist in zwei Provinzen und wir praktisch als Regionalratsabgeordnete gewählt werden. Sondern das ist umgekehrt geworden: Zwei Länder wählen separat ihre Landtagsabgeordneten, und diese beiden Länder bilden dann die Region. Außerdem hat die Reform bewirkt, dass wir die Gesetze nicht mehr nach Rom schicken müssen, sondern der Landeshauptmann sie veröffentlichen kann, und Rom hat nur noch dann die Möglichkeit hat sie anzufechten, wenn sie gegen die Verfassung oder internationale Verträge verstoßen. Aber das müssen sie aktiv anfechten. So lange der Verfassungsgerichtshof nicht geurteilt hat, bleiben sie auch dann gültig. Und das Gericht braucht oft lang. Auch das ist ein großer Fortschritt."

Dem Selbstbewusstsein des Landes und seines Hauptmanns nutzt die Fülle an Kompetenzen, die Italien an Südtirol überträgt, nicht nur innerhalb des Staatsgebildes. Wenn Durnwalder seine Kompetenzvielfalt mit der eines österreichischen Landeshauptmanns vergleichen soll, antwortet er wie aus der Pistole geschossen: „Wesentlich mehr. Der österreichische Landeshauptmann macht ja viel mittelbare Bundesverwaltung. Bei uns dagegen liegt vom Forst bis zum Wild, von den Straßen bis zur Energie, von den Spitälern bis zur Universität alles in unmittelbarer Landeshand. Was *draußen* teilweise Bundeskompetenz ist, ist bei uns Landesangelegenheit. Deshalb habe ich viel mehr Kompetenz. Sie brauchen nur den Landeshaushalt anzuschauen: Wir haben 5,3 Milliarden Euro, das Bundesland Tirol mit einem Drittel mehr an Bevölkerung und mehr Fläche, hat ungefähr die Hälfte. Deswegen hat es nicht weniger Geld, doch dort kommt viel vom Bund. Wir erhalten ein bisschen von der EU und dazu ganz wenige Sachen, die der Staat überregional macht. Aber im Großen und Ganzen kriegen wir sonst nichts mehr. In Österreich wird ja auch der Landeshauptmann vom Bund bezahlt, weil er mehr oder weniger gleich viele Aufgaben für ihn erledigen muss wie fürs Land." Dass sein Kollege aus Innsbruck sich dadurch auch mehr in Wien anstellen muss als er in Rom, dem widerspricht ein verschmitzt lächelnder Luis Durnwalder nicht.

Es mag einerseits am Rückschlag durch die Affäre Tirol-Bank liegen, entsteht aber andererseits aus dieser wachsenden Eigen-Mächtigkeit, dass Südtirol im Gegensatz zum letzten Jahrzehnt des zweiten Jahrtausends im ersten Jahrzehnt des dritten Jahrtausends eher nach innen gewandt erscheint. Ständig im Kampf, um weitere Rechte von Rom nach Bozen zu verlagern. Heute sagt Durnwalder: „Wenn man die politische Seite hernimmt, dann sind sicher die früheren Amtsperioden wesentlich bewegter gewesen, vor allem durch die Streitbeilegung. Denn da ging es ja auch darum, wie wir uns langfristig absichern. Also haben wir nach der Streitbeilegung 1992 gesagt, jetzt müssen wir schauen, dass wir eine dynamische Autonomie verfolgen, denn das darf noch nicht das Ende sein. Eine autonome Gesetzgebung und Verwaltung müssen sich immer auf die jeweilige Zeit beziehen. Außerdem gab es da ja noch viele Dinge, die wir nicht erreicht hatten, von denen wir aber meinten, sie seien unbedingt notwendig. Doch dieses Ringen um immer wieder neue Durchführungsbestimmungen zugunsten des Landes ist natürlich nicht so gut an die Bürger vermittelbar wie davor der grundsätzliche Kampf für die Umsetzung des Pakets."

Eine Person so stark wie zwei Drittel der Partei

Es geht nicht mehr ums Eingemachte der Autonomie, sondern um die Sahnehäubchen ihrer Ausprägung. Dabei erweist sich Durnwalder jedoch als ebenso geschickt, pragmatisch und flexibel, wie er es mit den Italienern im eigenen Lande ist. Im Wechsel der Herausforderer mit den diversen Mutationen von Silvio Berlusconi gelingt dem konservativen SVP-Landeshauptmann mit den Mitte-Links-Bündnissen sogar meistens das bessere Einvernehmen: „Ich bin ja nicht unbedingt ein politischer Mensch. Ich bin mehr ein Verwalter, der nicht so sehr parteipolitisch oder ideologisch bedingt handelt. Dazu bin ich viel zu pragmatisch. Was mir auch manche vorwerfen. Deshalb bin ich zwar immer Parteisoldat gewesen, habe mich aber auch immer geweigert, Parteiobmann zu werden."

Das bedeutet allerdings nicht, dass der „Agronom" und „Direktor des Südtiroler Bauernbundes in Wartestand" (Berufsangabe auf der SVP-Homepage) keine klaren Wertvorstellungen hat. Auf die Frage nach der Einordnung im Links-Rechts-Schema antwortet er: „Weder noch. Ich würde sagen, dort in der Mitte, wo es um Eigentumsqualität geht. Was die Freiheit anlangt, bin ich sicher nicht links, wo alles der Staat oder die öffentliche Hand machen muss. Also doch eher Mitte-rechts. In Österreich wäre ich also sicher bei der Volkspartei und in Deutschland würde ich in der CSU sein – obwohl ich bei beiden nicht mit allem einverstanden bin. Ich würde sicher zu denen gehören, die auch mit der SPÖ ganz gern Kontakt hätten, weil sich die SPÖ ja auch stark gewandelt hat. Ich bin überzeugt, dass manche in der ÖVP linker sind als manche Rechte in der SPÖ."

Doch die herkömmlichen Links-Rechts-Schemata müssen einem ziemlich gleichgültig sein, der abseits der schwindenden Aufmerksamkeit in Österreich und Deutschland für die beantwortete Südtirol-Frage Wahlsiege einfährt, wie es sie sonst angesichts der allseits schwindenden Mehrheiten im gesamten Dreieck zwischen Rom, Wien und Berlin – mit einer weiteren Ausnahme im weißblauen Freistaat – nicht mehr gibt. 2003 kommt es in Österreich zur Fortsetzung der im Vorjahr gescheiterten schwarz-blauen Koalition unter Bundeskanzler Wolfgang Schüssel, erreicht die CSU erstmals bei einer Landtagswahl in der Geschichte der Bundesrepublik Deutschland mit 60,7 Prozent der abgegebenen Stimmen die Zwei-Drittel-Mehrheit der Mandate und erzielt die Südtiroler Volkspartei immerhin noch 55,6 Prozent. Durnwalder jedoch erhält nur wenige Monate nach dem Tod seiner Tochter Sigrid mehr als 110.000 Vorzugsstimmen. Der Rekord ist bis heute ungebrochen. Zwei Drittel aller SVP-Wähler votieren direkt für den Landeshauptmann.

Die SVP erstmals unter der absoluten Mehrheit

2008 dagegen, ein halbes Jahr nachdem in Rom wieder Silvio Berlusconi statt Romano Prodi Ministerpräsident wird, vier Monate nachdem in Innsbruck Günther Platter Herwig van Staa als Landeshauptmann ablöst, vier Wochen nachdem in Wien die SPÖ unter Werner Faymann statt Alfred Gusenbauer die Nationalratswahl gewinnt, neun Tage bevor in Washington Barack Obama zum US-Präsidenten gewählt wird, erreicht die Südtiroler Volkpartei mit 48,1 Prozent erstmals in ihrer Geschichte weniger als die Hälfte der Wähler, hält aber knapp die absolute Mandatsmehrheit. Auch Durnwalder, der gerade seine Lebensgefährtin gewechselt hat (was die SVP mit den Namen beider Damen auf dem Internet-Homepage-Eintrag zum Landeshauptmann vermerkt) verliert gegenüber 2003 Vorzugsstimmen: 97.868 Direktwähler sind jedoch ein noch höherer Anteil am SVP-Gesamtergebnis als fünf Jahre zuvor.

Dennoch hadert der Landeshauptmann mit dem Schicksal des Tüchtigen: „Die großen Sachen haben wir im Grunde genommen erreicht. Heute geht es darum, zu verwalten. Aber je mehr wir selbst in unserem Lande machen können, desto unzufriedener sind die Leute. Es ist uns nicht gelungen, das Wohlergehen in Wohlbefinden umzuwandeln. Die Leute sind nicht zufriedener, und deswegen ist Regieren immer schwieriger. Das gemeinsame Feindbild ist nicht mehr da. Alles, was früher Rom war, ist jetzt Land. Die Gemeinde schreit nicht mehr gegen Rom, sondern gegen das Land. Das gilt auch für die Bürger. Sie können heute nicht mehr unterscheiden, was unsere Angelegenheit und was Zuständigkeit Roms ist. Wir werden für alles verantwortlich gemacht."

1809–2009 – Das gleichberechtigte Gedenkjahr

Da muss es geradezu eine Entlastung vom politischen Alltagstrott sein, als 2009 naht – das Ge- und Bedenken anlässlich 200 Jahre Tiroler Freiheitskampf. Nur jedes Vierteljahrhundert wird es mit einem großen Festzug begangen. 1959 führen den Andreas-Hofer-Rückblick noch Alois Pupp und Hans Tschiggfrey als Landeshauptleute an. 1984 verfolgen Silvius Magnago und Eduard Wallnöfer, wie Südtiroler Schützen erneut eine riesige metallene Dornenkrone als mobiles Mahnmal an der Innsbrucker Hofburg vorbeitragen. Nun ist der Partner für Luis Durnwalder weder Alois Partl noch Wendelin Weingartner oder Herwig van Staa: Der Südtiroler erlebt in seiner fünften Amtsperiode mit Günther Platter bereits den vierten Nordtiroler Landeshauptmann. Dieser ist im Gegensatz zum Vorzugsstimmensammler in Bozen noch nie gewählt. Nach der Niederlage in einer Kampfabstimmung gegen van Staa als Parteichef muss der damalige Kulturlandesrat nach Wien weichen, wird erst Verteidigungs-, dann Innenminister, um wenige Wochen nach der Landtagswahl 2008 seinen alten Kontrahenten aus dem Amt zu drängen. Die letzte Persönlichkeitswahl des gelernten Buchdruckers und Gendarmen ist jene zum Bürgermeister von Zams. Während der ersten elf Landeshauptmannjahre von Luis Durnwalder ist der dreizehn Jahre jüngere Platter Ortschef im Tiroler Oberland – und zwar immer mehr umgeben von sozialdemokratischen Amtskollegen.

Das ungleiche Paar für 1809–2009 ist aber auch ein typisches Duo für die neuen Gewichte im Norden und Süden des Brenners. 2003 kommt die Autonome Provinz Bozen im Eurostat-Vergleich der damals 254 EU-Regionen als einziges nicht urbanes Gebiet unter die besten zehn. Mit 160 Prozent des durchschnittlichen Bruttoregionalprodukts in Europa liegt es zwar knapp hinter Wien, aber mit Platz acht noch vor Oberbayern und ist die reichste Gegend Italiens. Das Bundesland Tirol wirkt dagegen mit 124 Prozent geradezu armselig, obwohl es in Österreich nur hinter der Hauptstadt, Salzburg und Vorarlberg rangiert. Dieses Statistik-Ergebnis mag hinterfragbar sein, ist aber ein deutliches Anzeichen für die wirtschaftliche Entwicklung innerhalb der Europaregion. Auch wenn die jüngsten Zahlen für 2008 eine rasante Annäherung signalisieren: Da steht es nur noch 137:129 für Süd gegen Nord beim Regio-BIP laut Eurostat. Die Zeit der scheinbaren ökonomischen Überlegenheit des österreichischen Bundeslands ist ebenso vorbei wie die Phase der vermeintlichen wirtschaftlichen Besserstellung der autonomen italienischen Provinz.

Durnwalder sieht deshalb längst die Zeit gekommen, um wieder über den Tellerrand vor allem Richtung Norden zu blicken, bemerkt aber, dass seine Landsleute da noch nicht richtig mitziehen: „Ich bin überzeugter Südtiroler und Tiroler, aber auch überzeugter Europäer. Deshalb ärgert es mich immer, wenn wir glauben, wir seien das Zentrum der Welt, sollten nicht zuviel über die Grenze schauen und dürften uns nicht öffnen. Das wäre ungefähr so, wie erst Englisch zu lernen, ohne es dann anzuwenden. Natürlich ist es zuerst darum gegangen, den eigenen Raum abzusichern, die eigenen Leute, die eigenen Rechte. Doch das haben wir jetzt alles. Wenn wir nun immer noch Angst vor allem von außen haben, dann vertrauen wir selber nicht in unsere Gesetzgebung, unsere Zuständigkeit, unsere Fähigkeit, die Geschichte zu gestalten – durch die Autonomie. Wenn wir uns jetzt fürchten, den anderen die Hand zu geben oder auch einen anderen anzuerkennen, dann sind wir selber schwach."

Geschichte trifft Zukunft in Wien und Innsbruck

Demzufolge kommt 2009 auch Regionalstrategisch gerade recht: „Geschichte trifft Zukunft" lautet das Motto. Das wirkt nicht immer nach einer harmonischen Verbindung. Das Gestern und das Morgen prallen im Heute mitunter hart aufeinander. Doch anders als 1984, als das Rückblicken der Tiroler wie ein realitätsfern sentimentaler Kontrapunkt zur Utopie vom Orwell'schen allgegenwärtigen *Big Brother* erscheint, gelingt 200 Jahre nach den Bergisel-Schlachten der Ausgleich zwischen Tradition und Vision – zumindest in der Außendarstellung. Während der Festzug in Innsbruck das Beharrende bedient und den neuen Patriotismus à la „Dem Land Tirol die Treue" schürt, hält die gemeinsame Selbstdarstellung in Wien die Waage zwischen althergebrachten Klischees und moderner Leistungsschau: Der Präsentation auf dem Rathausplatz kommt sichtlich zugute, dass Platter hier sechs Jahre Arbeits- und Durnwalder vier Jahre Studienerfahrung hat. Sie wissen: Wien ist anders.

Also betonen die Besucher aus dem „Herz der Alpen" bzw. dem „Land im Gebirge" weniger das Gedenken an Andreas Hofer als vielmehr die Selbstbestimmung Tirols. Für die einstige k. und k.-Metropole noch durchaus überraschend, betonen die Alpenlandesväter, welch starke Region Süd- und Nordtirol heute in einem gemeinsamen Europa abgäben. Dementsprechend stehen neben dem Tourismus vor allem Forschung, Wirtschaft und Bildung bei einer Leistungsschau „ohne Jodler und Knödel" auf acht Themeninseln im Vordergrund. Inklusive Betonung der eigenen Mehrsprachigkeit in der ehemaligen Vielvölkerhauptstadt, wo heute jeder Dritte ein Migrant ist. Das lässt die Stadt auch schneller wachsen als die Europaregion zwischen Kufstein und Ala, die insgesamt so viele Einwohner hat wie die 1,7-Millionen-Kommune an der Donau. Da kommt unwillkürlich das Thema Doppelstaatsbürgerschaft auf, wie es seither immer wieder von einigen Gruppen in Südtirol forciert wird.

Regionalpatriotismus und bikulturelle Realität

Durnwalder sieht darin einen Gesamtzusammenhang mit dem neu erwachenden Regionalpatriotismus dies- und jenseits des Brenners: „Zur Zeit gibt es wieder eine eher schärfere Gangart, vor allem bei der Jugend. Das kommt davon, dass wir aus einem armen ein wohlständiges Land gemacht haben. Die Leute haben heute nicht mehr solche greifbaren Probleme wie vor dreißig oder zwanzig Jahren:

Arbeitsplatz, Wohnung, Verkehr, Motorisierung – dass ich von jedem Bauernhof die Kinder in die Schule bringen kann. Deswegen müssen sie sich jetzt irgendwie andere Spannungsfelder suchen. Also dem Land Tirol die Treue. Da hätte ich ja nichts dagegen, aber es wird oft in einer nicht ungefährlichen und wahrscheinlich verfälschten Art verwendet. In Österreich und Nordtirol geht es ja auch wieder mehr in Richtung Rechts oder rechtsorientierter Parteien. In Südtirol äußert sich das vor allem gegen die Ausländer – darin sind für diese Kreise die Italiener mit eingeschlossen."

Doch anders als in früheren Perioden lässt sich mit solchen Abgrenzungen die Stimmung im Lande kaum noch kontrovers schüren. Dass es nach zehn Jahren wieder eine Volkszählung samt Sprachgruppenerhebung gibt, ist dem Landeshauptmann allerdings einen eigenen Punkt bei seiner Sommerpressekonferenz am 11. August 2011 daheim in Pfalzen wert. Er rechnet mit einem „etwas anderen Ergebnis" als noch 2001. Denn erstmals haben die derart erhobenen Daten keine individuellen Folgen, sondern dienen lediglich statistischen Zwecken. „Ich denke, dass wir deshalb ein ehrliches Ergebnis bekommen, auf dem danach der ethnische Proporz aufsetzt", sagt Durnwalder, um dann durchaus mit Stolz hinzuzufügen: „Bei den letzten Volkszählungen kam es im Vorfeld immer zu ethnischen Spannungen, in diesem Jahr bleiben diese zum Glück gänzlich aus."

Bikulturelle Selbstverständlichkeit prägt inzwischen die Entscheidungsebenen in der autonomen Provinz. Doch ist Südtirol heute schon ein modernes Land? Der Regierungschef sieht sich bei dieser Frage durchaus im Wettbewerb: „Wir sind sicher nicht hinterwäldlerischer oder weniger aufgeschlossen als manche österreichischen Bundesländer. Wir haben auch die EU-Maßnahmen, die wir ja länger genießen konnten, gut umgesetzt. Heute können wir einen Vergleich mit den österreichischen Bundesländern ohne weiteres aufnehmen. Ich glaube sogar, wir sind in mancher Hinsicht aufgrund unserer besonderen Entwicklung moderner als viele andere, die immer noch nicht wissen, dass sie sich öffnen müssen."

Gedankensplitter 2

Tirol-Bank reloaded

Gedächtnisnotizen und weitere Gedanken zu einem Interview am 12. März 2009

Hypo Tirol Bank. Die Bank des Landes Tirol – des Bundeslandes Tirol, um die korrekte sprachliche Trennung für die Gemeinsamkeit einer Europaregion mit Südtirol zu verwenden. „Unsere Landesbank", wie sie sich unter Generaldirektor Hannes Gruber wieder nennen lässt. Mit starken Begehrlichkeiten Richtung Süden. Nach Südtirol. Aber vor allem darüber hinaus.

Vermintes Terrain. Bloß nie Tirol-Bank sagen. Die ist gescheitert, gibt es einfach nicht. Die Fusion zwischen der Hypo Tirol, der letzten österreichischen Bank ausschließlich in Landeshand und der Südtiroler Sparkasse, dem größten Geldinstitut der Europaregion. Durnwalder will die Fusion, Weingartner will die Fusion. Als sie nicht kommt, nehmen sie in Innsbruck reihenweise den Hut: Landeshauptmann, Parteiobmann, Vorstandsvorsitzender.

Nun möchte ein Nachfolger im Hypo-Chefbüro ein Interview mit dem, den nichts davon erschüttert hat. In der Bozner *Via Crispi,* im Landhaus 2, mit *dem Luis,* wie Robert Asam seine Biografie von 2001 genannt hat. Als Signal für den Jahresbericht der Hypo Tirol Bank in Innsbruck – mit der neuen alten Zentrale am Bozner Platz. Wo die Südtiroler Sparkasse gerade eine Filiale eröffnet. Unter einem Zweigstellenchef, der früher Hypo-Vorstand war. Vermintes Terrain.

Durnwalder reagiert gelassen. Gern macht er das. Plaikner? Südtiroler Name. Vater? Optant. Gebürtiger Pustertaler? Also engere Landsleute! Foto für den Vater, damit er stolz ist auf den Sohn. Und stolz auf den engeren Landsmann, den Landeshauptmann der emotionalen Heimat. Die Fotos macht Marcantonio Marino. Auch ein Signal. *Siamo tutti tirolesi. Griaßdi. Ciao.*

Termin um 17.30 Uhr. Nur kurzes Warten. Schneller Schritt. Dynamik. Kraft. Entschlossenheit. Er ist schon zwölf Stunden hier im Büro. Seit der traditionellen Frühsprechstunde ohne Anmeldung. Bleibt so noch ausreichend Zeit für Privates? Im Sommer werden sich alle ausrechnen können, dass er da schon längst seine jüngste Tochter gezeugt hat. Weiß er das schon, vor Beginn seines 68. Frühlings? Bei diesem Gespräch übers Bankgeschäft – frei nach dem Motto eines Konkurrenten aus den 1980er Jahren: Geld macht glücklich, wenn man rechtzeitig d'rauf schaut, dass man's hat, wenn man's braucht. „Wer Werte vermittelt, ist immer eine Bereicherung“ lautet dann der Titel für das Hypo-Interview.

Ein Jahr später hat die Bank in Innsbruck den vierten Chef in nur zwölf Jahren. So wie Tirol den vierten Landeshauptmann in fünfzehn Jahren. In Bozen fragen sie Luis Durnwalder schon, ob er sich 2013 zum sechsten Mal zum Landeshauptmann wählen lassen will.

Kapitel 4

Hier ist kein Bauer Millionär

Von der Tirol-Bank-Affäre über den Fremdenverkehr bis zu Wein und Obst

In 22 Amtsjahren kommt einem ja so einiges unter. Also hat er sich mit Helmut Kohl immer sehr gut verstanden und mit Andreas Khol nicht ganz so gut harmoniert. Denn er mag es „nicht gern, wenn einer belehrend ist, als Außenstehender alles besser weiß, aber nur im nachhinein". Vier bayerische Ministerpräsidenten hat er (üb)erlebt, vier Tiroler Landeshauptmänner – und als Landesrat schon den legendären Eduard Wallnöfer. Vor einem Vierteljahrhundert, als er in Bozen das Landwirtschaftsressort führt und Wendelin Weingartner in Innsbruck die Hypo Tirol Bank. 15 Jahre später versuchen sie als Landeshauptleute aus Hypo und Südtiroler Sparkasse eine Tirol-Bank zu formen und scheitern spektakulär am Widerstand in den eigenen – Nordtiroler – Reihen. *Draußen* folgt das große Köpferollen, *drinnen* bleibt die tiefe Verbitterung: „Das war und ist für mich eine Enttäuschung. Es ist einfach schade, dass ein richtiges Konzept daran scheitert, dass jeder den Präsidenten, den Generaldirektor oder sonst etwas will. Das wäre eine starke Bank geworden. Aber es ist ja nicht ausgeschlossen, dass man nicht doch noch ein bisschen zusammenkommt. Damals wurde der Plan für innenpolitische Auseinandersetzungen missbraucht. Der Ferdinand Eberle hatte sich ja schon als neuer Landeshauptmann vorgestellt, der war ja offiziell da." Und wie ist heute das Verhältnis zu Weingartner? „Sagen wir: Er ist ein intelligenter Mensch. Jetzt konzentriert er sich gerade auf die Schützen. Früher haben sie ihn wegen Italien-Freundlichkeiten gerügt, heute ist er ihr Liebling, weil wir ihnen zu lax sind, zu wenig Italien-feindlich." Ein Schachspieler. Durnwalder ist ein Watter. „Der Weingartner ist schon auch ein Watter." Und wer ist besser? „Das hängt ein bisschen von den Karten ab." Weingartner hat gehen müssen, Durnwalder bleibt im Amt.

Er hat früh gelernt, die persönliche Ebene nicht zu unterschätzen, wenn es angeblich nur um die Sache geht. Er kennt den Stellenwert eines freundschaftlichen Verhältnisses zwischen den Landeshauptleuten in Bozen und Innsbruck. Spätestens seit dem Thema Tirol-Bank samt folgenden Beziehungskrisen: „Eigentlich bin ich mit allen immer ganz gut ausgekommen. Nur mit dem Herwig van Staa habe ich Schwierigkeiten gehabt – als er noch Innsbrucker Bürgermeister war. Da sind wir immer wieder zusammengestoßen. Bis ich ihm gesagt habe, er soll sich gefälligst um seine Sachen kümmern. Da habe ich mir dann schon Sorgen gemacht, als er Landeshauptmann geworden ist. Aber ich bin dann wirklich gut mit ihm ausgekommen. Aber vielleicht hat er sich ja auch gewandelt. Ich verstehe mich heute noch sehr gut mit ihm. Wir sind natürlich verschiedene Charaktere, aber wenn man das weiß, kann es auch funktionieren."

Die Hintergründe des geplatzten Bankgeschäfts

Sachlich sind die Ursachen des Liebeswerbens der Südtiroler Sparkasse rund um die Jahrtausendwende eigentlich ganz einfach: Die gleichnamige Stiftung als ihr Eigentümer steht unter dem Druck des italienischen Finanzministers der Regierung D'Alema, des späteren Staatspräsidenten Azeglio Ciampi, der per Dekret solche öffentlichen ökonomischen Einrichtungen verpflichtet, bis Mitte 2003 ihre Mehrheiten an den Kreditinstituten abzugeben. Auf der anderen Seite entspricht eine solche Veränderung der Besitzstruktur der Hypo Tirol Bank, einer hundertprozentigen Landestochter, dem Koalitionsabkommen von Volkspartei und Sozialdemokraten unter ihren Chefs

Wendelin Weingartner und Herbert Prock. Gerade angesichts der Ostöffnung Österreichs sehen der Nordtiroler Landeshauptmann und sein Stellvertreter große Chancen in einer Neuorientierung des Bundeslandes in der Nord-Süd-Achse. Prock sollte sich dann aber zum engsten politischen Verbündeten von Ferdinand Eberle, Weingartners Nachfolger als Parteiobmann entwickeln, der rasch an die Spitze des Landes will. Mit kräftiger Unterstützung nicht nur aus dem Hintergrund von Raiffeisen-Chef Fritz Hakl, dem vehementesten Gegner der Fusion von Hypo und Südtiroler Sparkasse zu einer Tirol-Bank. Am Ende der Affäre muss er ebenso gehen wie Weingartner, Eberle, Prock, Arthur Thöni, der frühere Industriellenpräsident und Aufsichtsratschef der Hypo Tirol Bank, Josef Prader, der aus Südtirol stammende Vorstandsvorsitzende des Instituts – sowie Hans Rubner, ehemals Senator in Rom und Stiftungspräsident der Südtiroler Sparkasse.

Luis Durnwalder durchschaut zwar von Anfang an die Machtspiele – und sagt sechs Jahre nach dem großen Showdown von 2003: „Es ist so, dass wir heute in einer globalisierten Welt leben, dass Grenzen nicht mehr irgendetwas Trennendes, sondern Einladendes sind, dass man über die Grenzen hinweg zusammenarbeiten kann. Wir wollten gemeinsam diese Bank zu einer grenzüberschreitenden Tiroler Bank machen. Es ist damals nicht gelungen, aufgrund verschiedener Umstände. Letzten Endes ist die Hypo ja von Südtirol aus gegründet worden und hat den Weg eigentlich nach Nordtirol und Osttirol gefunden, und ist heute vor allem eine Landesbank. Aber ich sage, wenn der erste Versuch nicht gelingt, dann sollen halt beide noch stärker werden und dann versuchen, noch stärker vielleicht gewisse Formen der Zusammenarbeit zu finden. Wenn man morgen sieht, dass die einzelnen Banken nicht mehr stark genug sind, um ihre Aufgabe zu erfüllen, dann bleibt immer noch die Möglichkeit der Partnerwahl bzw. der Zusammenarbeit." Inzwischen hat die Hypo nach Hannes Gruber schon wieder einen weiteren Vorstandsvorsitzenden. Während sich unter Josef Prader der Jahresertrag innerhalb von fünf Jahren verdreifacht und sich die Bonität auf den Spitzenwert AAA erhöht, übernimmt der neue Chef Markus Jochum ein Geldinstitut in der Krise. Doch es betreibt seine Geschäfte nach wie vor zu einem Großteil auch als Financier des Tiroler Tourismus, der Vorzeigebranche des Bundeslandes.

Doppelweltmeister im Fremdenverkehr

Auch in diesem Bereich holt Südtirol enorm auf. Mit fast 29 Millionen Übernachtungen pro Jahr wäre es in Österreich noch vor Salzburg (24 Mio.) die Nr. 2 hinter Tirol (43 Mio.). An der Einwohnerzahl gemessen liegen also sozusagen die touristischen Doppelweltmeister dies- und jenseits des Brenners. Doch was *draußen* in einer der erfolgreichsten PR-Aktionen durch konsequentes neues *Wording* ausgemerzt wurde, heißt *drinnen* noch wie anno Schnee: Da bleibt der Tourismus der Fremdenverkehr. Zumindest wenn der Landeshauptmann von ihm spricht. „Die Bauern bei uns leben fast nur noch durch den Fremdenverkehr. Das ist der beste Nebenerwerb. Als durchschnittlicher Bergbauer mit deinen vier bis fünf Hektar und vielleicht 50 Grasvieheinheiten – das geht sich einfach nicht mehr aus." Trotz der riesigen Agrarförderungen durch die Europäische Union? „Die Bauern haben heute ein Drittel Landesförderung, ein Drittel EU-Förderung und ein Drittel Landwirtschaft. Du kannst eben eine Kuh nur zweimal melken und einmal im Jahr hat sie ein Kalb." Aber der Milchpreis ist hier besser als auf der anderen Seite des Brenners. Durnwalder kennt die meisten Tarife auf den Cent genau.

Hier ist kein Bauer Millionär. Doch es gibt noch mehr Bauern. Das österreichische Bundesland hat 700.000 Einwohner, Südtirol nur 500.000. Doch dort gibt es mehr als 25.000 landwirtschaftliche Betriebe, in Nord- und Osttirol lediglich rund 17.000. Der studierte Bauer im Bozener Landhaus hält den Kontakt zu seinen Wurzeln. Er hat seit seiner Zeit als Agrarlandesrat kaum an Detailkenntnis verloren: „Die Südtiroler Weinwirtschaft hat einen schwierigen Weg hinter sich. Den habe ich komplett mitgemacht. In den besten Zeiten des Kalterer Sees ist es ja nur um die Menge gegangen. Damals haben wir 760.000 Hektoliter produziert, heute machen wir auf der gleichen Fläche 340.000. Früher hat es geheißen: Zwischen Methanol und

Glykol liegt Südtirol. Aber heute kannst du unsere Weine trinken. Die Südtiroler mussten lernen: 1. dass auf einer Flasche, wo Südtirol draufsteht, auch Südtirol drin sein muss. 2. dass du mit der Masse in Italien nicht Furore machen kannst. Denn beides zugleich kannst du nicht haben – große Menge und hohe Qualität. Das den Bauern beizubringen, war aber unheimlich schwierig. Im Juli die Trauben herunter schneiden und am Boden liegen lassen: Für die alten Bauern war das eine Katastrophe. Da gab es Generationskämpfe nach dem Motto: Was der Herrgott hat wachsen lassen, darf der Mensch nicht zerstören. Da haben wir ruhig sagen können, dass ein Unkraut ja auch ausgerissen wird: Für die Gegner der Umstellung ist das trotzdem einer Abtreibung nahegekommen."

Qualitätswein und der Apfelprimus der EU

Inzwischen widerspricht der Südtiroler Weinbau nicht nur den negativen Klischees, sondern sogar der herkömmlichen Farbenlehre. Statt wie früher zu vier Fünfteln der Rotwein dominieren heute mit 52 Prozent bereits die weißen Rebsorten. Sie gehören zu den besten in Italien. Daneben bilden 18.500 Hektar das größte geschlossene Apfelanbaugebiet in der Europäischen Union. Die Jahresernte beträgt fast eine Million Tonnen. Zwei Prozent der Weltmarktproduktion. Auch hier hat längst das Qualitätsbewusstsein das pure Streben nach mehr verdrängt, und der Landeshauptmann agiert dabei durchwegs als Anwalt und Botschafter seiner Bauern: „Beim Obst haben sie auch in der Zwischenzeit gelernt, dass vor allem eine umweltfreundliche Produktion wichtig ist. In den 70er Jahren haben sie sich ja noch fotografieren lassen in den Schutzanzügen gegen das Pflanzengift. E 605 flächendeckend, und man war stolz darauf. 13–14 Mal wurde da alles gespritzt. Heute achten sie exakt auf die Temperatur, bei der sich ein Pilz entwickeln kann, bevor Chemie eingesetzt wird."

Wenn Luis Durnwalder über das Bankgeschäft spricht, thront er aufrecht vor seiner Landesflagge und formt wohlüberlegt Sätze, die auch diplomatischer Kontrolle standhalten. Er weiß um die fatale Wirkung falscher Worte im Geldgeschäft und wirkt dabei in seinem Habitus kaum anders als die vielen anderen mit Macht und Verantwortung in Büros von Ämtern, Institutionen und Unternehmen. Doch sobald es ums wahrhaft Bodenständige geht – und er lenkt die Gespräche immer wieder dorthin – sitzt da ein anderer, bewegt sich ständig nach vor, als wollte er seinen Interviewpartner auch im physischen Sinn derart packen, wie es ihm mit der Leidenschaft fürs Thema ohnehin gelingt. Wenn er sagt, dass ihm das Studium der Rechtswissenschaft lieber war als jenes der Bodenkultur, wird das für die Theorie schon stimmen. Doch in der Praxis sitzt dort kein Jurist, sondern ein Bauer mit Leib und Seele.

Kapitel 5

Nah bei Europa

Von der Erbwunde der Option zur europäischen Region

Drei Monate vor Luis Durnwalders Siebziger ist zumindest die Papierform endlich Wirklichkeit. Das österreichische Bundesland Tirol und die italienischen Provinzen Südtirol und Trentino bilden einen Europäischen Verbund für territoriale Zusammenarbeit (EVTZ) und legitimieren damit die Europaregion. Die Unterzeichnung dieses Vertrages am 14. Juni 2011 ist der dritte und entscheidende Schritt nach der Gründung einer gemeinsamen Vertretung in Brüssel 1995 und der Installation eines Euregio-Büros in Bozen 2009.

Verträge ohne Zustimmung der Nationalstaaten

Die Querschüsse aus Rom gegen die erste Etappe sorgen bereits vor 15 Jahren für internationale Medienverblüffung und durchaus Irritation in Wien. Erst im Mai 2011 gibt auch die um ihre territoriale Einheit besorgte Republik Italien grünes Licht für das Projekt ihrer beiden Nordprovinzen mit dem Nachbarn in Österreich. Dabei handelt es sich auch formal um mehr als eine sentimentale Referenz an das historische Tirol. Die Europaregion kann nun als eigene Rechtspersönlichkeit ihre Projekte auch eigenständig verwalten und sogar Verträge ohne Zustimmung der Nationalstaaten schließen. Grau, teurer Freund, ist alle Theorie ...

... und grün des Lebens goldner Baum. Durnwalder hat nicht nur das gemeinsame Büro für Bozen gewinnen können, er ist auch der erste Präsident des EVTZ. Bis Mitte 2013 – wenn erst im Bundesland Tirol und dann in Südtirol die nächsten Landtagswahlen sind: „Die Europaregion Tirol ist nicht irgendwie eine institutionelle Einrichtung oder ein souveräner Staat, sondern die Europaregion Tirol ist das Gebiet innerhalb welchem man einfach sagt: Wir müssen zusammenarbeiten, wir sind eine Makroregion, wir sind ein Gebiet, wo man der Europäischen Union gegenüber gemeinsam auftreten sollte. Zum Beispiel, wenn es um Landwirtschaft geht, kleine und mittlere Betriebe. Wenn es irgendwie um wirtschaftliche Probleme, kulturelle, Verkehrsprobleme geht. Das heißt: Alles, wo wir Gemeinsamkeiten haben, wo wir gemeinsam stärker sind als jeder einzelne, das sollte man halt zusammen aufwerten und auch so auftreten."

In einer Gondel mit Venedig zur Kulturhauptstadt

Doch so sehr es ihm eine Herzensangelegenheit sein mag: Was Durnwalder im Sommer 2011 über die Euregio sagt, klingt auch nicht anders als die Sonntagsreden in Innsbruck, Trient und Bozen seit 15 Jahren. Die Konkretisierungen scheitern dann aber zuhauf – wie zuletzt der Traum einer gemeinsamen Bewerbung um die Kulturhauptstadt Europas. Da ist Südtirol dann wieder ganz im italienischen Boot bzw. in der venezianischen Gondel. Denn es bewirbt sich gemeinsam mit dem Trentino, den Regionen Venetien und Friaul-Julisch Venetien, der Provinz sowie der Stadt Venedig um diesen Titel im Jahr 2019. Da ist Italien turnusmäßig dran. Der Versuch, Innsbruck oder das Bundesland Tirol an der Bewerbung zu beteiligen, verläuft sich bereits in den Erstgesprächen. Eine vertane Chance? „Nein, sondern es ist einfach ein politischer Zwang. Die EU hat früher Hauptstädte hergenommen wie zum Beispiel Graz, und dann was abgeändert und gesagt, wir nehmen Gebiete her. Aber immerhin Gebiete innerhalb eines Staatsbereiches. Und für 2019 hatte man Bulgarien und Italien vorgesehen. Bulgarien ist dann ausgestiegen. Also trifft es 2019 Italien allein."

Durnwalder bestreitet vehement, dass ein Versuch, sich hier mit der – immerhin mehrheitlich italienischen – Europaregion zu bewerben, zumindest eine Chance gehabt hätte; und sei es auch nur auf Medieninteresse: „Nein. Das wäre ja auch rein rechtlich nicht möglich. Ich kann nicht hergehen und sagen, Innsbruck und Venedig bewerben sich, wenn von vornherein klar ist, dass Italien es kriegt. Da kann ich nicht hergehen und sagen, ich nehme aber jemanden, der nicht das Recht hat. Ich kann danach bei den Programmen etwas zum Ausdruck bringen. Bei uns hat es ja auch lange Streit gegeben: Sollen wir überhaupt mitmachen oder nicht, weil wir damit ja zeigen, dass wir zu Nordostitalien gehören. Aber wir sind halt in diesem Gebiet. Und ich sage, man hätte eine Chance vertan, wenn man nicht mitgemacht hätte. Wir sollten hergehen und unsere Realität zeigen. Und wenn da Hunderttausende von Leuten aus der ganzen Welt nach Venedig kommen, und wenn das richtig beworben wird, bin ich überzeugt, dass viele sagen, den Ötzi möchten wir auch einmal sehen, auch diese ganzen Burgen und Schlösser da oben."

Bozen als alpiner Vorort der »Serenissima«

Je skeptischer der Interviewer schaut, desto mehr redet sich der Landeshauptmann in Rage. Er wittert den ewigen Vorwurf der Nordtiroler, die Südtiroler bewegten sich vor allem opportunistisch zwischen den beiden Welten, nähmen von Italien und Österreich. Je nachdem, wo's gerade besser ist und im Zweifelsfall durchaus unter Preisgabe von Loyalität. Die Unterstellung liegt unausgesprochen in der Luft, doch Defensive ist nicht das Metier der Nr. 1 zwischen Brennerpass und Salurner Klause. Anlässlich der Chance auf den Vorort der Kulturhauptstadt Europas versprüht er sein europäisches Credo: „Wir möchten uns bei dieser Gelegenheit als Grenzgebiet präsentieren, wo man sagt, es gibt in Europa nicht mehr diese Grenze von anno dazumal, sondern wir haben heute eine neue europäische Aufgabe, indem wir die einzelnen Regionen und Staaten irgendwie untereinander verzahnen. Denn früher hat man eine Grenze ganz einfach gemacht: Ein Teil, der gleich redet, ist auf der einen Seite und der andere Teil auf der anderen Seite. Heute besteht die Möglichkeit, nachdem die Grenze nicht mehr so sichtbar und auch nicht mehr so spürbar ist, dass die Grenzgebiete mit der jeweils anderen Seite irgendwie zusammenarbeiten, um einen harmonischen Übergang von einem Staat zum anderen zu schaffen, von einer Region zur anderen."

Carpe diem. Die Bewerbung im Verbund mit den anderen Gebieten Nordostitaliens, aber vor allem im Windschatten der *Serenissima* dient in der Sprachregelung der politischen Kommunikation, also vor allem der Präsentation von Südtirols grenzüberschreitender Positionierung. Das lässt *der Luis* sich nicht nehmen. Da wird der Landeshauptmann zum Wanderprediger: „Bei einer europäischen Kulturhauptstadt Venedig können wir das darlegen. Aber nicht, wenn wir einfach wegbleiben. Ja, dann kommt halt niemand und es weiß halt niemand, dass wir da sind. Ich sage, wenn wir die Möglichkeit haben, das Hunderttausenden von Leuten zu sagen, uns zu zeigen, dann können wir sie auch für unser Gebiet gewinnen. Für viele sind wir ja bloß die Alpenländler, und die glauben nicht mal, dass wir überzeugte und glühende Europäer sind. Aber wenn sie dann daherkommen, sind viele überrascht und sagen, das hätten wir nie gedacht, dass es hier eine dreisprachige Universität gibt. Das hätten wir nie gedacht, dass ihr diese Forschungseinrichtungen habt. Und dass ihr eigentlich trotz der Streitereien, die wir untereinander haben, mit drei Volksgruppen recht gut auskommt."

Die Fortschritte der Euregio werden unterschätzt

Wenn Durnwalder von Südtirol spricht, dann redet er von sich. Das Land prägt sein Selbstverständnis, und sein Selbstverständnis prägt das Land. Doch während das Land sich rasant verändert und enorm prosperiert, scheint sich das einst geradezu avantgardistische Projekt Europaregion trotz aller formaler Fortschritte wie dem EVTZ kaum weiter zu entwickeln. Der Landeshauptmann, der so ausschlaggebend ist fürs Tempo oder Bremsen im Land, sieht das aber anders: „Vor zwanzig Jahren haben der Partl und ich erstmals über eine solche Europaregion geredet. Denn das war ja erst nach dem Magnago ein

Thema. Das ist ja erst nach dem Paketabschluss im Jahr 1992 gekommen. Früher hatte man ja andere Probleme und von so etwas nie geredet. Doch dann haben wir gesagt: Jetzt darf die Politik nicht stillstehen, jetzt reden wir auch nicht nur von einer dynamischen Autonomie. Dazu gehört auch die grenzüberschreitende Zusammenarbeit, weil sich die Umstände geändert haben. Wenn man damals gesehen hätte, welche Möglichkeiten sich da auftun und in der Praxis sich ergeben haben, hätte man das nie geglaubt. In der Europaregion Tirol geschieht viel, viel mehr, als man eigentlich glaubt. Nur ist das alles schon so selbstverständlich."

Das lässt er sich nicht nehmen, dass dies sein ureigenes Projekt ist – nach Magnago, den er als Parteiobmann auch nach dessen Rücktritt 1993 nicht beerbt hat. Das lässt er sich auch nicht schlecht reden, nicht einmal dadurch, dass er für Südtirol allein mehr übrig hätte als für den Verbund der Europaregion. Durnwalder sieht den Aufstieg des Landes in enger Verzahnung mit dem Entstehen der Euregio. Prioritätensetzung will er hier nicht erkennen und führt praktische Ergebnisse als Beweise dafür an: „Wer hätte geglaubt, dass wir zum Beispiel eine gemeinsame Gesellschaft haben, die RTC Road Traction Company, mit der wir 52 Prozent des Güterverkehrs über den Brenner durch die Regionen machen. Das heißt, nicht mehr durch die Staatsbahnen, sondern durch die Regionen. Wer hätte geglaubt, dass wir in unserer letzten wissenschaftlichen Beiratssitzung vor einem Monat von 17 Millionen Euro für Forschung und Entwicklung 2,2 Millionen an die Universität Innsbruck geben, weil eben gemeinsame Projekte mit der Eurac da sind. Wer hätte geglaubt, dass heute Geldinstitute aus Innsbruck, gleich ob es die Hypo oder die Bank Austria ist, hier in Bozen ihren Sitz haben, und die Südtiroler Sparkasse auch *draußen*. Natürlich hätte ich es lieber gehabt, wenn es eine gemeinsame Hypo gegeben hätte. Aber das kann ja noch werden. Aber ich sage: Niemand hätte das vor zwanzig Jahren für möglich gehalten."

Der Südtiroler und Europäer

Jetzt geht er richtig in Saft, wie das auf gut Tirolerisch heißt. Da weicht das Kalkül immer mehr dem Temperament. Luis, der Leidenschaftliche. Einer, der sich erklären will. Einer, der verstanden sein möchte. Einer, der sein Werk auch gewürdigt sehen muss. Aber das ist bei der Europäisierung nicht der Fall. Da fühlt er sich missverstanden. Das ist bei der Europaregion nicht Gemeingut. Da empfindet er sich unterschätzt. Das ist bei seiner internationalen Vision so. Da sieht er sich zum Kleingeist heruntergemacht. Von den Medien. Durch wen auch sonst. „Heute muss irgendetwas nicht gelingen, dass man überhaupt noch in die Zeitung kommt“, lautet sein resignierendes Resümee. Aber wenn man sagt: Luis Durnwalder, der Südtiroler und Europäer, dann stimmt die Reihenfolge – und ist nichts ausgelassen?

Erst zögerlicher, dann freudiger und spontaner Stimmungswandel: „Ja…, ja…, ja! Weil ich bin mit Sicherheit erstmal Südtiroler und dann Europäer.“ Die Minderheitensituation in Italien macht es ihm leichter als den Tirolern im Norden, die Staatsebene in der Selbstverortung wegzulassen. Italiener ist er keiner, da mag der Pass durchaus anderes behaupten, und das kommt ihm auch nicht über die Lippen, obwohl es als sein innenpolitisch größtes Verdienst gilt, ein Ansprechpartner für die Italiener zu sein. Ein gefinkelter Brückenbauer nach Rom, der sich auf diesem Wege mehr abzuholen vermag als durch jede Blockade. Aber auch eine Identifikationsfigur für die regionale Minderheit und nationale Mehrheit, die sich mit dem Sonderstatus des *Alto Adige* mehr denn je anzufreunden vermag.

Dreifacher »Presidente«, einfacher Verweigerer

Der *Presidente della Provinza, Presidente della Regione* und *Presidente dell'Euroregione* erklärt das gern mit einer Anekdote: „Als der Ciampi noch Präsident war, sind wir einmal da oben in Völs bei einem Abendessen gewesen, wo lauter Generäle dabei waren und hohe Politiker, Minister usw. – in der Kaserne. Da waren wir vielleicht so zwanzig Leute. Und dann fragt der Ciampi ganz plötzlich – ich bin neben ihm gesessen, er mag mich und ich mag ihn: Sagen Sie einmal, Landeshauptmann, als was fühlen Sie sich überhaupt, was sind Sie überhaupt? Sind sie Italiener oder was sind Sie? Dann habe ich gesagt: Schauen Sie, ich sage es Ihnen ganz offen, ich bin zuerst einmal Südtiroler und damit auch Tiroler. Zweitens bin ich Angehöriger der österreichischen Minderheit, die in Italien lebt, der aber einen italienischen Pass hat. Dann sagt er: *almeno è onesto* – er ist wenigstens ehrlich. Das hat mir niemand vorgeworfen."

Doch Ciampi ist seit 2006 nicht mehr Präsident, und Italien feiert 2011 seine 150-jährige nationale Einheit. Andere Zeiten. Des Landeshauptmanns Weigerung, offiziell für Südtirol an den Feiern teilzunehmen, sorgt wochenlang für Schlagzeilen in Italien, Österreich und Deutschland. Ein Lehrstück, wie schwer es das Medienzeitalter macht, differenzierte Botschaften zu vermitteln. Denn Durnwalder fühlt sich durchaus missverstanden: „Ich habe nicht ganz rübergebracht, was ich sagen wollte. Denn so blauäugig bin ich auch nicht, dass ich einfach hingehe, weil ich nicht weiß, dass das irgendwie ein Politikum wird. Deswegen habe ich mich ja vorher ein bisschen erkundigt. Eine Umfrage gemacht, durch ein Institut, 87 Prozent der Deutschsprachigen haben gesagt: nicht hingehen. Aber 92 Prozent der Italiener haben gesagt: hingehen. Und ich habe dann gesagt: Schaut, erstens waren wir damals noch nicht bei Italien, aber das wäre kein Grund für eine Absage. Wenn ein Freund irgendwas feiert, dann geht man hin, auch wenn man später geboren ist. Und deswegen hätte ich kein Problem gehabt, hinzugehen zur 150-Jahrfeier, wenn nur 1861 gefeiert worden wäre. Damit hätte ich überhaupt kein Problem gehabt. Das ist wie mit den Nationalfeiertagen in befreundeten Staaten, zu denen man hingeht. Und wir leben ja noch dazu in diesem Staat. Doch als man erklärt hat, dass sie unten eine Ausstellung machen, dass sie nicht nur die Gründungsjahre, sondern die 1920er-, 1930er-, 1940er-, 1950er-Jahre bis zu uns jetzt feiern wollen – da habe ich gesagt: Jetzt nicht mehr. Ich habe vollstes Verständnis und Respekt vor denjenigen, denen zumute ist zu feiern, weil sie stolz sind, dass Italien sich geeinigt hat und Italien so groß geworden ist und Italien bis zum Brenner geht. Bitte, ich habe Verständnis, dass die das feiern. Aber niemand kann von mir verlangen, dass mir zum Feiern zumute ist."

Die Watschen für den Tirolerhut

Luis Durnwalder ist bekannt dafür, dass er lieber nach vorne schaut als zurück blickt. Darin liegt wahrscheinlich ein Gutteil seines Erfolgsgeheimnisses: kein unumstößlicher Bewahrer, sondern ein flexibler Baumeister zu sein. Es braucht viel, dass er von selbst in der eigenen, persönlichen Geschichte wühlt, um sein heutiges Sein und Wollen besser zu argumentieren. Geht es um sein Verhältnis zum italienischen Staat, greift er aber unwillkürlich in die private Erinnerungskiste: „Denn ich kann mich noch gut erinnern, mein Vater hat es mir immer wieder erzählt, wie er eine Watschen gekriegt hat, weil er in den zwanziger Jahren einen Tirolerhut in Bruneck getragen hat. Ich kann mich noch erinnern, wie man seinen Namen von Johann in Giovanni umgeändert hat. Ich kann mich noch erinnern, wie die Mutter erzählt hat, wie sie und der Vater in der Klasse gesessen sind, vor ihnen eine Lehrerin aus Sizilien oder zumindest aus dem Süden Italiens: Sie haben die Lehrerin angeschaut, die Lehrerin sie ... Aber sie haben es alle drei nicht beantworten können: Warum sind wir zu dem hier verurteilt? Die eine: Warum bin ich da, wenn mich die Leute nicht wollen? Die anderen: Warum wollen Sie uns nicht in unserer Muttersprache reden lassen? Warum dürfen wir nicht in Deutsch schreiben? Warum dürfen wir nicht unsere Lieder singen? Warum darf ich nicht meine Stutzen tragen? Warum darf ich nicht das und jenes tun? Und das kann man halt nicht auslöschen. Das ist und bleibt halt in irgendeiner Form da."

Da ist sie – plötzlich und unvermittelt: die 70 Jahre alte Erbwunde, die dem Luis mit der Muttermilch mitgegeben wurde wie allen Tiroler Familien, die es direkt oder indirekt durch die Folgen der Option zerrissen hat. So wie Wendelin Weingartner anders dreinschaut, wenn er von *drinnen* und den Pusterer Verwandten spricht, so wie Reinhold Messners Blick sich umhüllt, wenn er von seinen Eltern spricht, so wie mein Vater wehmütig verklärt, wenn er vom Daheim spricht, das er als Taferlklassler verlassen hat. Die Erbwunde verheilt nicht, solange das Erbgedächtnis lebt – wie in Durnwalder, der sich in keiner Interview-Passage derart erregt wie in jenen Erzählteilen über eine Zeit, an die er persönlich keine oder kaum Erinnerungen haben kann: „Sie haben uns damals die ganzen Dorfnamen genommen, sie haben uns die ganzen Flurnamen genommen, sie haben uns im Grunde alles genommen. Und Ende der dreißiger Jahre wollten sie uns durch die Option nicht nur die Höfe nehmen und dadurch all das, was unsere Eltern erspart haben. Sie wollten uns auch noch die Heimat nehmen. Mein Vater ist 1933 von seiner Heimatgemeinde nach Pfalzen gezogen, hat einen Bergbauernhof gekauft, hat dann elf Kinder gehabt. Und jetzt hätte er das alles stehen lassen sollen, um irgendjemanden auf der Halbinsel Krim zu vertreiben. Denn wir hätten auf die Krim gehen sollen. Und jetzt sagen sie in Rom: Das alles feiern wir. Nein, das nicht."

Wenn einem nicht zum Feiern ist

Wäre es ein Hollywood-Spielfilm, die Kritik würde ihm ein Übermaß an Pathos vorwerfen. Doch Luis Durnwalder, der schon grundsätzlich kein Problem mit Authentizität hat, wirkt in keiner anderen Situation so echt wie jetzt. Wenn einer wie die Amerikaner immer wissen will: *What makes him tick?* Was treibt ihn an? Hier könnte er fündig werden. Hier liegt ein Urgrund für den Politiker Durnwalder. Der Wunsch selbst zu gestalten, ist ihm in die Wiege gelegt. Fremdbestimmung als Geburtsfehler. Da ist der Widerstand logisch und der pragmatische Zug zur Macht das ganz persönliche Karriere-Schmiermittel des Südtiroler Luis-Unser: „Und nach dem Krieg ist es so weiter gegangen. Wir hätten das Selbstbestimmungsrecht haben wollen und wir sind immer dagegen gewesen, dass De Gasperi hergegangen ist und das Pariser Abkommen so fehl interpretiert hat. Denn das Abkommen De Gasperi/Gruber wollte uns, den Südtirolern, eine Autonomie geben – aber nicht den Trentinern. Das wollte praktisch uns eine eigene Verwaltung und eigene Gesetzgebung geben, weil wir eine österreichische Minderheit sind. Aber was hat man dann getan, man hat es ausgeweitet und der Region die Autonomie gegeben. De Gasperi war ein sehr, sehr schlauer Politiker. Und jetzt soll ich das feiern? Ohne De Gasperi hätte es das ‚Los von Trient' nicht gegeben und ohne De Gasperi hätte es auch die sechziger Jahre nicht gegeben. Wir haben in den sechziger Jahren ja nichts Unrechtes verlangt. Wir haben nur verlangt, dass das Pariser Abkommen, ein internationales Abkommen der Siegermächte, richtig interpretiert wird. Eigene Autonomie und eigene Gesetzgebung und eigene Verwaltung. Und das soll ich jetzt alles feiern? Ich zeige Respekt, aber ich gehe nicht hin. Weil, ich muss auch die Leute vertreten, die in den zwanziger, dreißiger, vierziger, fünfziger Jahren gelitten haben. Und nach dem 15. März kommt sicher wieder der 16. März, da kann man wieder weiter arbeiten, weil ich immer für eine Zusammenarbeit zu haben bin. Ich bin nie ein Extremer, der sagt, wir sind wir, und die anderen sollen nichts haben. Nein, alle müssen in Südtirol die gleichen Rechte haben, allerdings auch die gleichen Pflichten."

Also Südtiroler und Europäer. Das wirkt moderner, als es ist. Die Überwindung des Trennenden der Nationalstaaten, an dem die EU immer wieder zu scheitern droht. Für die deutschsprachige Minderheit in Italien war und ist es die einzige Möglichkeit, ihre Eigenständigkeit zu bewahren. Auf Basis des Pakets und mit den Erfahrungen der Autonomie sagt Durnwalder heute: „Wenn wir nicht zufrieden sind mit diesem Europa, wenn wir nicht froh sind, dass Grenzen abgebaut werden, wenn wir nicht froh sind, dass wir jetzt unkompliziert über die Grenzen hinweg zusammenarbeiten können, dass wir eine gemeinsame Währung haben, dass wir gemeinsame Ausbildungsmöglichkeiten haben, dass wir Arbeitsmöglichkeiten haben, Chancen haben usw., ja wer soll es denn dann sein? Denn wir sind zwar einerseits eine sprachliche Minderheit in Italien, andererseits aber durch die Grenzlage ein Anhängsel unseres Kulturkreises. Dadurch haben wir uns zu etwas ganz Eigenständigem entwickeln können – zu einem anderen Staat und Verwaltungsgebilde gehörend, doch als Hinterland von Österreich auch mit Deutschland verbunden. Das allein sorgt schon für einen sehr europäischen Zugang für alle Formen der Zusammenarbeit."

Auf nach Europa: Aus Minderheit wird Mehrheit

Da wird die Minderheit dann flugs zur Mehrheit – als Teil der größten Sprachgruppe in der EU. Diese Sonderstellung schließt aber auch die beliebteste politische Kleingeldsammlung von Staatenlenkern und Provinzherrschern mit Europa aus: In Brüssel und Strassburg die Weltläufigen mimen und die Förderungen abholen, um daheim dann gegen den bürokratischen Moloch der Zentralmacht zu wettern und sich als David gegen Goliath hoch zu stilisieren. Dem Südtiroler als eindeutigem Profiteur Europas ist dieses Doppelspiel verwehrt. Mit Rechtspopulisten, die ansonsten am deutlichsten ein Feindbild vom EU-Parlament bis zur EU-Kommission zeichnen, ist Durnwalder dennoch auch in Bozen immer mehr konfrontiert: „Wenn die Leute ab und zu mal ein bisschen nachdenken täten, wenn sie ab und zu mal ein bisschen ehrlich wären gegenüber der Geschichte, und das vergleichen mit heute, dann müssten sie eigentlich himmelhoch jauchzen. Schaut, wir haben noch nie eine so lange Zeit gehabt, wo wir in Frieden haben leben können. Ich kann mich noch erinnern, mein Vater hat in den Krieg gehen müssen, der Großvater vom Vater ist im Krieg gefallen. Eine Generation hat praktisch das zerstört, was die andere aufgebaut hat. Ich muss nur daran denken, was mein Vater mitgemacht hat: Er hat als Knecht gearbeitet, sich mit den Ersparnissen gemeinsam mit meiner Mutter einen Hof gekauft und den dann verlassen sollen. 86 Prozent haben damals fürs Auswandern optiert. Man ist gegangen, weil man gesagt hat, wenn ich zwischen zwei Übeln wählen muss, dann wähle ich das Geringere – das wäre die Halbinsel Krim gewesen."

Unwillkürlich verfällt der Pfalzener immer wieder ins Gestern zwischen Deutschland und Italien, wenn es ums Heute und Morgen mit Österreich und Europa geht. Die Ursachen seiner internationalen Orientierung liegen in der Erfahrung eines nationalen Spielballs: „Wenn man die Zeit nach dem Zweiten Weltkrieg betrachtet: Da haben wir ja gar nichts gehabt, nicht einmal eine Staatsbürgerschaft, um die haben wir 1949 betteln müssen, dass wir überhaupt eine bekommen. Die Staatsbürgerschaft von einem Staat, den wir ganz bestimmt nicht geliebt haben. Aber wir haben keine Alternative gehabt. Österreich konnte uns damals kein Selbstbestimmungsrecht geben. Es war ja selbst kein souveräner Staat. Da waren wir allein. Wenn die Leute heute so gegen das gemeinsame Europa, gegen diese Zeit des Friedens wettern, dann sollten sie einmal an diese Zeiten zurückdenken, als wir gar nichts gehabt haben. Gerade in Südtirol ist enorm viel Geld von Europa investiert worden. Wir sind ja schon seit der Gründung der EWG 1957 dabei. Und noch heute kriegen wir irgendwie Mittel, dass wir gewisse Strukturen anpassen können."

Trotz aller Wertschätzung der Vorteile für das Land reiht sich Durnwalder aber durchaus bei den Kritikern der Realverfassung des aktuellen Europas ein. Schon seit seiner Zeit als Landwirtschaftslandesrat von 1978 bis 1989 gehören die Flüge nach Brüssel und Strassburg zum Standard-Dienstreiseprogramm. Nur wenige andere Politiker in den EU27 verfügen über eine derart langfristige Expertise zu den Stärken und Schwächen des europäischen Apparats: „Was immer noch viele Bürger abschreckt und die EU meiner Meinung nach auch noch immer nicht überzeugend gelöst hat, das ist die Bürokratie. Auch wenn man dauernd vom Abbau der Bürokratie redet, ist es enorm, wie viel Zeit da verloren geht – um jeweils alle Auflagen zu erfüllen und alle Kontrollen zu erledigen. Mein zweiter Kritikpunkt ist das Unpersönliche. Europa hat es noch nicht verstanden, geliebt zu werden. Ich glaube, wenn wir nicht selber alle unsere eigenen Regionen – und Sie vielleicht auch Ihren eigenen Staat – lieben würden, dann wären wir teilweise haltlos. Europa hat uns diesen Halt, das Zusammengehörigkeitsgefühl und vor allem auch diese Nestwärme, noch nicht vermittelt."

Europa der Regionen: Der Rückzug der Staaten

Je stärker die politische Gewalt zentralisiert ist, desto mehr steigt das Bedürfnis nach greifbaren Vertretern der Macht. Entsprechend der Theorie, dass aller Globalisierung zum Trotz immer noch 95 Prozent der Menschen 95 Prozent ihrer Zeit in einem Umkreis von 25 Kilometer verbringen, sind das am ehesten die Bürgermeister, aber dann

Oben: Mit Alois Mock.

Unten: Tiroler Gipfeltreffen.

Oben: Mit dem Dalai Lama.

Unten: Mit Wendelin Weingartner und der Geistlichkeit im heiligen Land Tirol.

Rechts oben: Ein Gruß aus dem Grödner Tal.

Rechts unten: Audienz: Mit Diözesanbischof Wilhelm Egger bei Papst Johannes Paul II.

Oben: Der Landesrat daheim: Mit Gerda Furlan-Durnwalder sowie Hannes und Sigrid.
Unten: Mit Heike Müller.

folgt schon die regionale Ebene – der Landeshauptmann. Lange vor Staat und Union. Das gilt überall in den EU27, aber in Südtirol eben besonders, weil hier das Verhältnis zum Staat, zur nächsthöheren Zentrale noch um einige Dimensionen kritischer ist als ohnehin in jeder Provinz. Der Unterschied zwischen 500 und 650 Kilometern Autobahndistanz von Landes- zu Bundeshauptstadt drückt nicht annähernd aus, um wie viel geringer die emotionale Distanz von Innsbruck zum Wasserkopf Wien als jene von Bozen zur Hauptstadt Rom ist. Dennoch ist der Staat hier wie dort auf dem unfreiwilligen Rückzug – doch immer noch geschützt als erster Ansprechpartner für die darüber liegende Ebene. Durnwalder sieht dieses Verhältnis aber durchaus im Wandel: „Europa kann uns auch deshalb keine Nestwärme geben, weil es den Staaten Vorrang vor den Regionen einräumt. Dadurch stehen heute immer noch die Staaten vor der Union. Die Bürger haben nach dem Land fast überall zuerst einen Staat, mit dem sie sich identifizieren können. Bei uns ist das anders, weil wir keinen Staat haben, mit dem wir uns voll identifizieren können. Und deswegen sagen wir: Wir haben zwar Schengen, wir haben zwar die gemeinsame Währung, wir haben zwar die Grundrechte, sei es dass wir Arbeit oder Ware austauschen. Und wir haben auch dieses Europa, aber das ist noch nicht unsere Heimat. Deswegen sind wir vielleicht ein Vorreiter für ein Europa der Regionen. Deshalb schauen wir immer ganz besonders darauf, dass die einzelnen Regionen Schritt für Schritt ein bisschen mehr Zuständigkeiten kriegen – und dass die einzelnen Staaten den Regionen erst einmal mehr Freiheit geben. Wir haben ja durch das Autonomiestatut eine gewisse Freiheit. Aber in Italien gibt es ja nur vier weitere solche Regionen – von insgesamt zwanzig. In Spanien haben gerade einmal zwei, drei ein bisschen eigenen Rechte. Aber in Portugal wissen sie nicht, was eine Region ist. Frankreich will es nicht wissen. Und Griechenland weiß es auch nicht. Zuerst müssen die Staaten bereit sein, den Regionen Zuständigkeiten abzutreten, Dann vor allem muss die EU hergehen und auch die Verschiedenheit anerkennen. Europa ist nur schön, wenn Vielfalt herrscht. Wenn es dem Einzelnen eine gewisse Freiheit lässt, wenn es die Möglichkeit schafft, sich zu dieser Verwaltungseinheit zu bekennen, ohne die eigene Identität verlieren zu müssen. Aber das hat die EU noch nicht geschafft."

Germanisch-romanisches Musterland Europas

Der Landeshauptmann versteht Südtirol durchaus als Vorzeigemodell, das Strahlkraft innerhalb der Europaregion entwickeln kann. Das zeigt allein schon die unterschiedliche Europa-Wahlbeteiligung dies- und jenseits des Brenners. Die ist zwar im Süden von 2004 noch 72 auf 2009 nur mehr 63 Prozent gesunken und im Norden gestiegen – allerdings von 34 auf 36 Prozent. Gutes Europa, böses Europa – in einer Europaregion. Durnwalder sieht die unterschiedlichen Voraussetzungen, glaubt aber auch an die Beispielwirkung: „Weil wir die Region als Heimat haben und nicht unbedingt den Staat, tun wir uns mit der EU natürlich leichter – weil sie ja auch irgendwie über dem Staat steht. Bei Ihnen wird es wahrscheinlich ein bisschen schwieriger sein. Wenn ich ein Nord- oder Osttiroler bin, dann habe ich mit Wien ganz ein anderes Verhältnis, als wir es zu Rom haben. Deswegen werden in Österreich wahrscheinlich nicht alle so traurig sein, wenn die Regionen nicht so gestärkt werden. Bei uns ist diese Stärkung dank der Autonomie eine Realität. Aber ich bin der Letzte, der sagt: Wir müssen jetzt Grenzen verschieben oder wir müssen jetzt einen eigenen Staat machen usw. Ich sage nur, die EU hat uns eine gewisse Freiheit, eine gewisse Öffnung gebracht. Und ich sage immer, mein Stolz ist es, dass wir mitten in Europa eine Region haben schaffen können, die der Vergangenheit irgendwie verbunden und verwurzelt ist, aber trotzdem offen für die Welt."

Er ist kein Freund des Staates, dieser Herr des Landes. Durnwalder verblüfft zwar immer wieder, wie sicher er sich auf den glatten Parketts von Rom über Brüssel bis Wien zu bewegen vermag. Das reicht von der Verhandlungsstärke gegenüber Kammer und Senat im Süden über Geschick im Umgang mit Kommission und Parlament im Norden bis zu Trittsicherheit im Gespräch mit den Medien und auf dem Opernball im Osten. Er ist wohl sogar mehr Europäer, als er sich selbst zugesteht. Vielleicht haben wir ein falsches Bild vom smarten, urbanen, Französisch und Englisch Parlierenden als Prototyp des schönen neuen EU-Menschen. Wahrscheinlich entspricht der ursprünglich bodenständige, aber zwangsläufig mobile, nutzenorientierte Landmann der Bauart Luis eher dem Wesen des mühsam, aber doch zusammenwachsenden Abendlands: „Dadurch, dass die Europäische Union wirklich langsam Formen angenommen hat, haben wir aufgrund der Verhandlungen Österreichs, aber auch Italiens diese Autonomie gekriegt. Es hat dann ein wenig gebraucht, bis wir eine gewisse Sicherheit gekriegt haben, dass diese Autonomie nicht irgendwie eine Wüstenblume ist, die am nächsten Tag wieder zusammenfällt, sondern dass sie da ist. Dann aber sind wir Schritt für Schritt offener geworden. Weil wir uns sicherer gefühlt haben. Weil die Grenze nicht mehr da gewesen ist. Weil sich vor allem in der EU irgendwie vieles zum Besseren entwickelt hat. Deshalb sind wir offen für Europa, sehen aber schon auch die Nachteile: Denn in Brüssel sind sie zu oft total unpersönlich und mischen sich in Dinge ein, die sie überhaupt nichts angehen. Und andere Dinge, die sie etwas angehen sollten, die nehmen sie nicht auf, weil sie Schwierigkeiten haben mit den einzelnen Staaten. Es ist noch viel zu viel Staatsstärke da. Sie wollen noch viel zu viel die Staaten irgendwie schützen, und die Staaten zögern immer noch, Dinge abzugeben. Da gibt es weiterhin ein großes Spannungsfeld und ist noch einiges zu machen.“

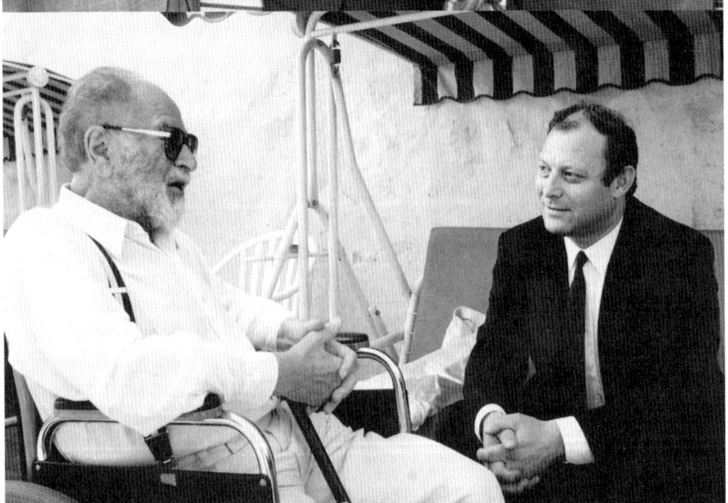

Oben: Besuch in der Wiener Hofburg: Mit Bundespräsident Rudolf Kirchschläger.
Unten: Besuch in Meran: Mit Altbundeskanzler Bruno Kreisky.

Exkurs 1

Ansichten auf Augenhöhe

Ein Interview mit Wendelin Weingartner

Wendelin Weingartner kennt Luis Durnwalder bereits seit 1983. Damals wird der eine Chef der Hypo Tirol Bank in Innsbruck und ist der andere bereits fünf Jahre Landesrat für Landwirtschaft und Forstwesen in Bozen. Einerseits Weggefährten für ein neues Tirol in einem neuen Europa, andererseits durchaus Rivalen auf dem Pfad dorthin. Eine seltsame Schicksalsgemeinschaft, in die der Nordtiroler mit Süd- und Osttiroler Wurzeln später ein und aus der er auch früher aussteigt. 1989 wird Durnwalder Landeshauptmann, ein paar Wochen später Weingartner Wirtschaftslandesrat. Von 1993 bis 2002 ist er dann Landeshauptmann in Innsbruck, der logische Partner und zugleich Gegenpol zum Amtskollegen in Bozen. Weingartner erinnert sich noch gut an ihre erste Begegnung.

Vom Immobilien-Leasing zur Pustertal-Connection

„1983 bin ich mit der Hypo nach Südtirol, weil ich auch dort Leasing als Finanzierungsform anbieten wollte. Das kannte man dort noch kaum. Wir haben damals Immobilien-Leasing gemacht. Und da bin ich den Durnwalder besuchen gegangen, habe ich mich einfach vorgestellt. Das war ein sehr angenehmes Gespräch. Dabei ist er mir als typischer Pusterer vorgekommen. So wie meine Verwandten im Pustertal sind. Ich habe eigentlich sofort einen sehr positiven Eindruck von ihm gehabt. Er hat mir einen Kaffee gegeben. Daran kann ich mich genau erinnern, weil ich mir dabei überlegt habe, wie ich an die Bankdienste des Landes kommen kann. Denn man musste ja immer an das Geschäft denken. Aber da hat der Luis doch gleich einmal gesagt: Also, das geht uns nichts an. Und er war sehr direkt. Und er war sehr freundlich. Das war meine erste Begegnung, an die er sich wahrscheinlich gar nicht mehr erinnern kann, dass da ein Bankmann von Nordtirol gekommen ist. Er hat sich aber dann erkundigt nach meinem Großonkel, inwieweit ich mit dem verwandt bin."

Die Wertschätzung Weingartner für Durnwalder hat sich bis heute gehalten, doch sie ist mit der genaueren Kenntnis des Pfalzeners einer durchaus kritischen Würdigung gewichen.

Bauernschlau, aber kein bäuerlicher Mensch

„Ich schätze ihn. Er hat sicher sehr viele Eigenschaften, die Südtirol, dem Land als Ganzem, sehr genutzt haben. Zu seinen unverwechselbaren persönlichen Merkmalen gehört auch, dass er mit einem gewissen Rest von Bäuerlichem die Leute für sich gewinnen kann. Aber er ist kein bäuerlicher Mensch. Das ist etwas, womit er überraschenderweise sogar viele Italiener vereinnahmen kann – auch oder sogar besonders in Rom. Und das tut Südtirol gut, dass man hier von der Persönlichkeit her jemanden hat, der nicht nur auf Kontroverse geht, sondern dass da einer ist, der mit den Italienern gut reden kann. Dadurch hat das Land eigentlich wesentlich mehr erreicht, als es aufgrund des zweiten Autonomiestatuts ursprünglich erwarten konnte. Man kann wirklich behaupten – das stammt ja nicht von mir, sondern wurde schon oft so gesagt: Der Magnago ist der Baumeister. Doch wohnlich eingerichtet hat dieses Haus der Luis. Insoweit ist es für Südtirol sicher ein Glücksgriff und ein Glücksfall, jemanden zu haben, der auf der einen Seite die Akzeptanz breiter Schichten der deutschsprachigen Bevölkerung hat, auf der anderen Seite aber auch mit den Italienern so reden kann, dass sie ihm langfristig vertrauen."

Der Unterschied mag unwillkürlich entstehen und auch dem Generationsunterschied geschuldet sein: Doch es fällt auf, dass Weingartner „der Magnago“, aber „der Luis“ sagt. Aus der Differenzierung zwischen Nach- und Vornamen entsteht unterschwellig eine prototypische Anmerkung zum grundsätzlichen menschlichen Distanzunterschied der beiden Südtiroler Landeshauptleute. Die Respektsperson und der Bodenständige. Weingartner wurde gerade Landesrat, als es 1989 in Bozen zur Wachablöse kam. Es folgten 13 Jahre in einer Art Parallelverschiebung zu Durnwalder, der schon eine Dekade vor ihm in der Regierung saß und sie eine Dekade nach ihm immer noch leitet. Seitdem beobachtet der Mitkonstrukteur der Europaregion seinen einstigen Partner und Widerpart aus der Position eines *Elder Statesman.*

Ein Vertrauenssucher, der nie verzeiht

„Ich habe ihn erlebt als jemanden, der nie ein Vertrauen missbraucht hat. Der alles, was er gesagt hat, jedenfalls mir gegenüber, immer auch eingehalten hat. Und er ist auch sehr sensibel, wenn jemand versucht, ihn – auf gut Tirolerisch gesagt – hineinzulegen. Er selbst ist verlässlich, er schätzt auch Verlasslichkeit. Wenn er jemandem begegnet, der sich als unverlässlich erweist: Das verzeiht er ihm nie. Das ist aber auch eine seiner schwierigen Eigenschaften: Verzeihen kann der Luis nichts. Er hat dann oft ganz festgefahrene Meinungen und er ist sehr schwer von diesen Ansichten wieder abzubringen.“

Also letztlich doch ein *sturer Hund,* wie sie beidseits des Brenners sagen, irgendwo zwischen *fisso* und *ostinato,* wie das die wachsende Minderheit seiner italienischen Vorzugsstimmenmehrer nennen würde. Allerdings gut verborgen durch ein offensives Kommunikationstalent.

„Aber er ist eine Persönlichkeit, die in ganz außerordentlicher Weise auf die Leute zugehen kann und Menschen sehr schnell für sich einzunehmen vermag: Das reicht vom politischen Gegner bis zu den ganz normalen Bürgern. Auch bis zu den Frauen, wenn man so will.

Das ist schon eine Eigenschaft, die ihn besonders auszeichnet. Dieses Kommunikationstalent hat den Weg schon mitgeprägt, auf dem Südtirol in seinen Jahren zu einer regionalen Einheit gekommen ist. Zu einer regionalen Einheit, die vom Wohlstand geprägt ist. Ein Wohlstand in einem italienischen Umfeld, das eigentlich ganz anders ist."

Gleichgültig, aus welchem Winkel Weingartner Durnwalder auch betrachtet, er kommt immer wieder zu dessen Fähigkeit, die Italiener einzubinden. Nichts verblüfft den Nordtiroler mehr als die gesellschaftliche Integrationsfähigkeit seines Südtiroler Kollegen – durchaus nicht nur zur Freude der Politik in Innsbruck.

Regionalstaat mit einer eigenen Identität

„Wenn man ihn auch kritisch würdigen möchte, dann würde ich sagen, dass für ihn das Ziel schon darin bestanden hat, Südtirol immer als eigenständige Region, als quasi Regionalstaat zu entwickeln. Und auch eine starke Südtiroler Identität zu entwickeln. Was natürlich klar ist, wenn man 90 Jahre in so einem fremden Staat lebt. Da kann man nicht erwarten, dass das alles noch so ist, wie es einmal war. Abgesehen davon, dass es keinen Sinn hat zu glauben, man könne Dinge rückentwickeln. Er ist sicher kein Rückentwickler. Er hat nicht die Vergangenheit im Kopf."

Da klingt einerseits Bewunderung durch, aber mindestens soviel Wehmut. Es ist immerhin 1989, als der eine Landeshauptmann und der andere Landesrat wird – und wieder andere von einer Wiedervereinigung nicht nur der deutschen Teilstaaten träumen. Über den Brenner und die Unrechtsgrenze hinweg, die erst ein Jahrzehnt später infolge Schengen ein freundlicheres Antlitz bekommt. Weingartner sieht das auch mehr als eine Dekade danach noch zwiespältig.

„Durnwalders Ziel ist es sicher, für Südtirol eine eigene Identität zu entwickeln. Aber man muss auch sagen, dass diese Südtiroler Identität der Gesamttiroler Identität entgegensteht. Das heißt, man kann eigentlich immer weniger von einer Gesamttiroler Identität reden.

Die Leute bekennen sich nun einmal gern zu einer Eigenständigkeit und sie definieren sich immer auch gerne durch die Abgrenzung von anderen. Umzingelt von Freunden, ist es schwer Politik zu machen. Also hat er auch manchmal gegenüber Nordtirol, gegenüber Österreich, nicht nur gegenüber Italien diese Grenzziehungen gemacht. Und wenn man es kritisch anschaut, kann man sagen, dass Südtirol sich in seiner Zeit quasi zu einem Regionalstaat entwickelt hat. Wenn andere Parteien vom Freistaat Südtirol reden, spricht sich Durnwalder klar dagegen aus. Im Prinzip ist er aber jemand, der inhaltlich diese Freistaatstheorie realisiert. Und er legt wohl auch Wert darauf, dass Südtirol die Insignien eines eigenen regionalstaatlichen Gebildes hat. Südtirol hat zwar die weiß-rote Fahne, aber einen anderen als den historischen Tiroler Adler. Er wird oft als der ‚Meraner Gigger' bezeichnet und stammt von der Zenoburg. Interessant ist, dass nicht nur die Südtiroler Schützen in ihren Fahnen den ‚echten' Tiroler Adler verwenden, sondern auch schon manche Gemeinden."

Die versuchte Abgrenzung durch Symbole reicht mittlerweile weit über das Visuelle hinaus. Weingartner erkennt dabei eine durchgängige Strategie.

„Auch die Frage der Landeshymne ist solch eine nicht zu unterschätzende Äußerlichkeit mit Symbolkraft. Die Nordtiroler Hymne, das Andreas-Hofer-Lied, durfte nicht zur offiziellen Südtiroler Landeshymne erklärt werden. Denn sonst hätten wir eine gemeinsame Hymne. Das wäre offensichtlich gegen den Gedanken der eigenen Regionalstaatlichkeit Südtirols gewesen. So stehen heute die Südtiroler auch beim Lied: ‚Wohl ist die Welt so groß und weit' auf. In diesem Gesamtzusammenhang muss man auch die eigentlich kleine Kontroverse über die Frage der Auszeichnungen sehen. Eigene Südtiroler Auszeichnungen wurden von Durnwalder wohl auch deshalb eingeführt, weil sie Symbole der Eigenständigkeit sind. Ursprünglich sollten es nur Auszeichnungen für Nicht-Tiroler sein. Denn für die Tiroler diesseits und jenseits des Brenners gibt es ja die gemeinsam verliehenen Kreuze und Medaillen. Aber in der Zwischenzeit werden auch Nordtiroler ausgezeichnet. So tragen einige Nordtiroler

Auszeichnungen beider Landesteile. Bald werden es wohl auch Südtiroler sein."

Manch Gold, das da an ordensgeschmückten Brüsten prangt, verliert von Bozen bis Innsbruck an Glanz. Da ist durchaus Enttäuschung spürbar beim Partner, der mit Durnwalder den Grenzbalken am Brenner entfernt hat.

Das Land mit den Insignien eines Staates

„Fahne, Hymne, Auszeichnungen: Das sind die Insignien eines eigenen Staates. Und wenn man es materiell betrachtet, spielt da hinein auch der eigene Flughafen, der sicher zu klein ist, um rentabel zu sein, und auf der anderen Seite zu teuer für ein Spielzeug. Es spielt hinein die eigene Universität – auch das derzeitige Bemühen, eine eigene medizinische Ausbildung in Bozen zu realisieren. Es hat ihn immer gestört, wenn schwere medizinische Fälle nach Innsbruck geliefert werden mussten und Südtiroler Ärzte in Innsbruck ausgebildet worden sind. Sein Bestreben, in Südtirol eine eigene medizinische Ausbildung zu schaffen, die letztlich die Basis für eine Klinik auf dem Niveau der Innsbrucker Universitätsklinik werden soll, hat wohl seinen Hintergrund im Denken in Richtung Regionalstaatlichkeit."

Wir sitzen als letzte, einsame Gäste an einem Hochsommerabend im Cafe der Hypo Tirol Bank in Innsbruck. Durchaus ein Platz für Erinnerungen. Und je analytischer Weingartner das Gespräch angeht, desto mehr kippt er von inhaltlicher Wehmut über kaum verhüllte Enttäuschung zu durchaus persönlicher Kritik und offener Resignation. Im Tonfall nahezu unverändert. Anders als sein zugänglicherer Antipode im Süden entschlüsselt sich der letzte Tiroler Landeshauptmann des zweiten Jahrtausends ausschließlich über das Was und nicht das Wie der Worte. Das gilt auch oder besonders für das ureigene Projekt des Mannes, der zum Beginn seiner Amtszeit erst einmal „Nachdenken über Tirol" verordnete – und dazu 50 Autoren unter seiner Herausgeberschaft versammelte.

Europaregion kontra Eigenstaatlichkeit

„Auf der einen Seite spricht man von der Europaregion Tirol. Die ist aber eigentlich nicht viel mehr als eine Hülle. Wenn man den Luis fragt: Was ist das eigentlich? Da nennt er Radwege, gemeinsame Kläranlagen und die Verkehrspolitik. Ich habe immer gesagt: Du, deswegen brauchen wir keine Europaregion. Aber viel mehr ist eigentlich nicht geschehen. Und es widerspricht ja auch seinem Grundgedanken, seinem Bestreben nach einer Südtirol-Eigenstaatlichkeit. Wobei das durchaus einen Sinn hat, dass man in dieser Regionalautonomie die Italiener mit einbindet. Er hat großes Interesse, dass auch die Italiener sich mit dieser Südtiroler Identität identifizieren können, und dass auch die Italiener sagen, wir wollen Südtiroler sein. Was anderes als die anderen. Die sind aber immer wahnsinnig gefährlich, diese leicht chauvinistischen Dinge. Vor Wahlen kommt man denen, auch wenn man sie selber nicht gern hat, nicht aus. Sie kennen ja diese Geschichten. So dass man schon sagen muss, er hat dieses Haus Südtirol sehr gut ausgebaut, er hat aber die Eigenständigkeit Südtirols sicher auch auf Kosten des gemeinsamen Tiroler Denkens forciert."

Sie kennen ja die Geschichten? Weingartner kam – „auch wenn man sie selber nicht gern hat" – diesen „leicht chauvinistischen Dingen" nicht immer aus. Sein Sager über die fleißige(re)n West- und faule(re)n Ostösterreicher verschaffte ihm klammheimliche massenhafte Zustimmung daheim, erntete bundesweites Negativ-Echo und hängt ihm bis heute nach. Aber auch der Verdacht nach ungebrochener Rivalität zwischen dem Marathon-Amtsträger im Süden und seinem emeritierten Kollegen im Norden will da nicht weichen. Zwei Stellvertreter für den unterschwellig stets vorhandenen, offiziell immer dementierten Führungsanspruch jener von Inn und Sill bzw. derer von Etsch und Eisack in der Europaregion? Auch weil sich die Anmutung von Reichtum über den Brenner verschoben hat. Zum besseren Wetter und Klima nun auch noch das bessere finanzielle Ende ausgerechnet im Vorhof von Berlusconien?

Teilen heißt, auf einen Teil verzichten

„Ich glaube, es geht nicht um den Führungsanspruch. Vielleicht sehe ich das falsch, aber ich glaube, es geht darum, dass der Luis und damit Südtirol diese Europaregion zwar als ein Spezifikum annimmt, aber dass man eigentlich nicht bereit ist, das zu tun, was die Voraussetzung für deren Verwirklichung wäre: Das ist nämlich das Teilen. Man kann Gemeinsames nur machen, wenn man teilt. Und Teilen heißt auch, auf einen Teil zu verzichten. Wenn man nicht auf irgendetwas verzichtet, um es mit dem anderen zu teilen, dann wird es genauso wie in einer persönlichen Beziehung, in einer Ehe, in einer Freundschaft. Wenn man nicht bereit ist, auf etwas zu verzichten, entsteht auch nichts Gemeinsames. Und auf etwas zu verzichten, ist schwierig. Was haben wir da nicht alles versucht ... Ich denke nur an den Flughafen, mit dem wir damals die Tyrolean Airways in Verbindung gebracht haben. Da haben sie dann aber alles getan, damit die Tyrolean es schwer hat, diese Linie zu bedienen. Und letztlich ist das daneben gegangen. Da ist auch viel Geld hinein geflossen und verloren gegangen. Und dazu kamen dann immer Diskussionen über eine eigene Rodelbahn, über einen eigenen Alpenzoo und all diese Geschichten."

Weingartner, der anders als Durnwalder auch Chef der Volkspartei in seinem Lande war (1991–2000), weiß um die Schubkraft einer Politik der Symbole. Und seien diese Symbole auch Personen. Er selbst hat sich mit einem neuen Design der Tiroler Volkspartei zu „Wir Tiroler" erfolgreich als Menschenfänger weit über die Stamm-Sympathisanten hinaus versucht. Umso klarer erkennt er diese Züge auch in seinem einstigen Antipoden. Besonders deutlich erscheint ihm das bei Durnwalders Umgang mit einem Gegenspieler, der sich – im Gegensatz zu innerparteilichen Kritikern wie Hubert Frasnelli – nicht einfach besiegen lässt.

Der umarmte Gegner und das umrundete Reich

„Der Reinhold Messner, der war ja einmal sein Gegner. Den hat er umarmt, wie viele andere schon davor. Und von dieser Umarmung hat der Luis in hohem Maße profitiert. Schließlich hat der Messner ja sogar symbolisch die Grenzen Südtirols umwandert. Sozusagen: Dies ist mein Reich. Aus der Sicht des Luis. Das ist einerseits für die Zukunft Südtirols sicher nicht negativ, wenn man auch den italienischen Teil mitdenkt. Andererseits ist es für das Gesamttirolerische natürlich schwierig. Denn das Bundesland Tirol ist mittlerweile schon sehr verösterreichert und Südtirol hat also eine eigene Südtiroler Identität. Die spürt man auch. Vielleicht ist es ja so, dass andere Wege gar nicht möglich sind. Wenn der Luis aber in der letzten Phase seiner Regierungszeit diese Abgrenzungsstrategie aufgeben würde ... Wenn er dann sagt: So, mir ist es ernst mit dieser Region, denn auf Dauer ist diese Fragmentierung der Gesellschaft in Südtirol, die die Basis für die Regelungen der Autonomie ist, doch nicht haltbar, und es braucht eine andere Basis. Dann würde er auch ein bisschen über seine Zeit hinaus denken."

Also nur am Südtiroler Wesen kann die Europaregion genesen ...

„Ich glaube schon, dass es möglich wäre, dieser Europaregion wirkliches Leben einzuhauchen. Es war ja nicht der rechtliche Rahmen, an dem es gefehlt hat. Gut, dass er da ist. Aber es hat gefehlt am Willen, das Ganze auszufüllen. Man hätte auch ohne rechtlichen Rahmen faktisch vieles tun können. Damals, als ein Verfassungsentwurf da war, haben wir gesagt: bloß nicht immer Verfassungsdiskussionen führen und Rom narrisch machen. Es wurden immer solche Diskussionen geführt, um die Staatskanzleien zu beschäftigen. Ich wollte, dass wir faktisch was tun – und dann werden wir schon sehen, welchen Rahmen es dafür gibt. Hauptsache, wir tun irgendwas. Weil ich schon gewusst habe, dass das eigentlich nicht seine Strategie ist. Weil wirklich was Entscheidendes zu tun – da gibt es genug Möglichkeiten. Nehmen Sie zum Beispiel die Laimburg mitsamt dem Felsenkeller. Das wäre doch auch etwas für unsere Obstbaugenossenschaften.

Die Laimburg ist wirklich ein toller Betrieb. Im Gegenzug könnten wir im Bereich der gesamten alpinen Viehwirtschaft das ganze Know-how bei uns konzentrieren. Ich bin dafür, dass man die Dinge derart teilt. Das geht bis zu den Berufsschulen, die wir gemeinsam machen könnten. Aber je konkreter das geworden ist, desto schwieriger ist das geworden. Und das scheint ja immer noch so zu sein. Ob das eine Strategie ist, die Südtirol hilft, möchte ich nicht beurteilen. Es ist halt so. Aber beherrscht wird das schon von seiner Persönlichkeit, die natürlich dazu führt, dass vieles fokussiert ist auf ihn und eine sehr kleine Gruppe von Leuten, die alle wesentlichen Entscheidungen trifft."

Niemand kennt die Ablaufzeit des Trickreichen

Weingartner hat Durnwalder gut kennen gelernt – und er kennt ihn immer noch gut. Kennt er das Ende seiner Amtszeit?

„Also, ich gehe davon aus, dass er nicht den Fehler begeht, den der Berlusconi jetzt begangen hat, der das Ende ankündigt. Und den ich auch begangen habe – muss ich heute sagen. Ich hatte mir ja immer vorgenommen, niemals mehr als zehn Jahre in der Politik zu verbringen. Es sind halt dann doch ein bisschen mehr geworden. Beim Luis gehe ich davon aus, dass er sein Nicht-mehr-Antreten in der Früh verkündet, wenn er nachmittags sein Amt zur Verfügung stellt. Dass er sich das vorbehält, das ganz schnell zu machen, ist ja durchaus klug. Und entgegen vieler Meinungen in Südtirol nehme ich an, dass er schon die Kraft hat zu sagen: So, jetzt lasse ich es."

Mehr als ein halbes Jahrhundert, seit 1960 unter nur zwei Landeshauptleuten. Doch in dieser Ausnahmeerscheinung Südtirol ist immer noch nicht Durnwalder, sondern weiterhin Magnago der Rekordhalter. Hält nicht die Rivalität zum Vorgänger, der 28 Jahre an der Spitze ausgehalten hat, den Nachfolger weiter im Amt?

„Ich weiß nicht genau, ob das entscheidend ist, aber er könnte natürlich dem innersten Kreis mitteilen, was er beabsichtigt. Das tut er aber nicht, auch nicht im innersten Kreis, zu dem nur ganz wenige Leute – vielleicht drei bis fünf – gehören. Im Hinblick auf die nächsten Wahlen ist zu bedenken, dass Durnwalder heute ein großer Sympathieträger ist und hohe Durchsetzungskraft besitzt. Er hat auch viele gute Tricks. Zum Beispiel: Wenn er ein Projekt schon mehr oder weniger in der Tasche hat, dann fordert er es. Er fordert es aber erst, wenn er weiß, dass er es kriegt. Ein-, zweimal in der letzten Zeit ist das ein bisschen danebengegangen. Aber sonst ist das immer seine Taktik gewesen, dass er nicht groß Forderungen stellt, die er dann unter Umständen nicht erfüllen kann, sondern dass er Forderungen erst dann stellt, wenn er sie in Rom oder wo auch immer bereits erreicht hat."

Also ein Bluffer. Taktiker und/oder Stratege? Weingartner ist bekannt als Schachspieler, Durnwalder als Watter. *Der Wendel* wattet aber auch. Hat auch schon mit *dem Luis* Karten gedroschen. Da – wie am Schachbrett – lernt man einander mitunter besser kennen als am Verhandlungstisch. Durnwalder erzählt gern vom Watten. Es ist das Symbol der Volkstümlichkeit eines Landesherrn von mitunter fürstlicher Attitüde. König von Südtirol hat ihn das Schweizer Fernsehen genannt. Doch Könige watten nicht. Weil die Untertanen dann nur verlieren dürfen. *Der Luis* wattet – auf Augenhöhe?

Ein Selbermacher im Spiel nach seinen Regeln

„Er kann gut watten, aber manchmal schwindelt er auch. Und was mich manchmal wundert und vielleicht auch stört, dass er mit Leuten spielt, die sich gar nicht mehr trauen, aufzuzeigen, dass er schwindelt. Vor allem wenn das Schwindeln offenkundig ist. Aber niemand traut sich, etwas dagegen zu sagen. Das ist auch ein wenig kritisch zu sehen: Da ist der Luis beim Watten wie in der Politik: Er ist ein absoluter Herrscher. Der sich sozusagen selber die Regeln setzt, die einzuhalten sind. Was der Luis zum Beispiel schwer kann, ist Delegieren. Bei uns ist es ganz klar, dass auch die Landesräte ihren eigenen, freien Entscheidungsspielraum haben. Natürlich innerhalb von einem abgesteckten Rahmen. Als ich Landesrat und Finanzreferent geworden bin, hat der Landeshauptmann Partl bloß zu mir gesagt: Tu was für die Bauern. Aber im Wesentlichen habe ich das dann alles entschieden. In Südtirol ist das vollkommen anders. Da geht fast alles über den Tisch des Landeshauptmannes."

Weingartner schöpft aus der Erinnerung an seine Phase als aktiver Politiker, hält sich aber auch in Sachen Südtirol auf der Höhe der Zeit durch seine Kolumnen in der Sonntagszeitung *Zett*. Sozusagen eine Zwangsselbstverpflichtung zur weiteren politischen Beobachtung über den Tellerrand seiner angestammten Landespolitik. Im hierarchischen System Südtirol erkennt er dabei kaum eine Veränderung. Auch Durnwalder selbst ironisiert ja immer wieder sein eigenes demokratisches Verständnis. Doch Weingartner zollt im Gegenzug der Fähigkeit zur kompetenten, alleinigen Entscheidungsfindung durchaus Respekt.

„Das ist nach wie vor so: Alles landet beim Luis. Es gibt auch keine Bezirksverwaltungsbehörden, die selbständig entscheiden. Es wird alles im Landhaus entschieden, letztlich aber alles auf seinem Tisch. Das hat auch sehr positive Seiten. Denn der Luis hat ein ganz hervorragendes Sachwissen. Jetzt kann man sagen: Wenn einer so lange in der Regierung ist, hat man das. Aber ich kenne viele, die lange dabei sind und immer noch nicht genau wissen, worum es geht. Der Luis hat in vielen Dingen eine unglaubliche Detailkenntnis, einen sehr wachen Verstand, und die Zusammenhänge erfasst er. Das ist seine Stärke, dass er nicht angewiesen ist auf weiß Gott was für Informationen, sondern dass er das selber alles weiß. Deshalb kann er auch so regieren – ohne zu delegieren. Denn delegieren tut er gar nicht gerne."

Wenn einer sich die Regeln selbst macht, die Entscheidungen selbst fällt, die Bürger in den Frühsprechstunden selbst spricht, entzieht er sich dem Vergleich mit jenen, die in deutlich mehr fremdbestimmten Rahmenbedingungen ihr Spielfeld abstecken müssen. Von vordemokratischen Ritualen bei der Landhaus-Audienz bis zu fürstlicher Hofhaltung im Felsenkeller-Ambiente reichen die Vorwürfe gegenüber Luis, dem Letzten – einem Landesvater, wie Österreich sie seit der

Ära der Wallnöfers, Gleißners und Krainers nicht mehr kennt. Einzig Erwin Pröll, dem in St. Pölten residierenden Studienkollegen Durnwalders von der Universität für Bodenkultur, unterstellt man – zwischen heimlicher Bewunderung und oberflächlicher Abscheu schwankend – ähnliches Selbstverständnis wie dem *presidente* Luis.

Schlagbaum-Entfernung und Mauer-Erklimmung

„Wenn man die Wiener Zeitung *Die Presse* liest, meint man ja, alle Landeshauptleute sind irgendwelche Marionetten eines Operettenfilms. Hinter dieser Kritik steckt zentralistisches Denken. Ich sehe eine Tendenz zu einer gewissen Hofhaltung in Niederösterreich. Sonst nirgends. Sicher nicht in Tirol und Vorarlberg, sicher auch nicht in der Steiermark. Das heißt aber nicht, dass die Leute nicht einen gewissen Hang zur Repräsentation ganz gern haben. Vielleicht ist das in Südtirol mit einer gewissen Erinnerungsverklärung verbunden. Irgendwie kommt es ja nicht von ungefähr, dass zum Tode von Otto von Habsburg in keiner Zeitung der ganzen Welt so viel gestanden ist wie in den *Dolomiten*. Die haben, glaube ich, acht Seiten darüber gebracht. Als wenn jetzt wirklich unser Kaiser gestorben wäre. Offensichtlich ist durchaus ein gewisser nostalgischer Hang zu dieser Hofhaltung vorhanden. Da ticken in Bozen die Uhren anders. Der Luis spielt auch auf diesem Klavier perfekt."

Schon wieder Symbole. Sinnbilder der Politik. Merkmale der Macht. Mahnmale der Ohnmacht. Wie die Brennergrenze. Wie die Schlagbaumentfernung am 1. April 1998. Durnwalder nennt es das wichtigste politische Ereignis in seiner Amtszeit. Das Wegräumen des Symbols mit Wendelin Weingartner und den damaligen Innenministern Österreichs und Italiens, Karl Schlögl und Giorgio Napolitano (Bemerkenswerte Parallele: Auch bei diesem Duo ist der österreichische Protagonist längst von der bundesweiten Bildfläche verschwunden und mittlerweile Bürgermeister von Purkersdorf. Der italienische Ex-Kommunist dagegen krönt seine schon 1953 als Parlamentsabgeordneter gestartete nationale politische Laufbahn als elfter Präsident der mittlerweile 150 Jahre alten Republik). Weingartner sieht das weniger pathetisch als Durnwalder, verknüpft mit dem Rückblick auf den Brenner aber eine Erinnerung an Berlin.

„Das war uns als Symbol schon wichtig, und es war auch interessant, dass die italienische Grenzpolizei dabei behilflich war. Denn letztlich sind ja ihre Jobs abgebaut worden. Die Nordtiroler Schützen sind dann mit Gewehr über Südtiroler Gebiet marschiert, dazu haben die Carabinieri wohlwollend gelächelt. Da hat man schon hautnah gespürt, wie vieles sich gerade verändert. Aber irgendwie hat mich das dann auch erinnert an den Fall der Berliner Mauer, den ich im November 1989 unmittelbar erlebt hatte."

Achteinhalb Jahre später am Brenner ist es zwar schon eine neue Weltordnung, zu der die Tiroler Landeshauptleute ihren Beitrag leisten können. Die Grenzen im Kopf bleiben jedoch stärker als der Balken auf der Straße. 26 Jahre, nachdem die nachbarliche Provinz offiziell nicht mehr *Alto Adige* heißen muss, gehen allzu viele überzogene Südtirol-Träume in Nordtirol nicht in Erfüllung. Kaum spricht einer die Erwartungshaltung Wiedervereinigung aus, liegt die Latte auch für realistischere Ziele schon zu hoch, um sie überspringen zu können. Weingartner wirkt bei diesem Thema bis heute im Widerstreit zwischen Geist und Gefühl.

Ein Landeshauptmann ist genug für ein Tirol

„Das war schon beeindruckend, weil man das Gefühl hatte, jetzt geht also wirklich sehr vieles auf – ohne diese Grenzkontrollen, durch die man am Brenner immer unmittelbar mit dem italienischen Staat konfrontiert war. Die Möglichkeit, dann sehr vieles gemeinsam zu machen ist aber nur teilweise ergriffen worden. Das muss man schon kritisch sagen – und kann auch die Schuld von uns gewesen sein. Man hätte eigentlich schon sehr vieles gemeinsam versuchen können – zum Beispiel im ganzen touristischen Bereich. Aber alle Versuche, etwa eine gemeinsame Werbelinie für ein ‚Tiroler Wirtshaus' aufzubauen, in dem hochwertige einheimische Speisen serviert werden, sind dann letztlich gestrandet. Wohl an der Meinung, es gebe eben auch wirtschaftlich eine eigene Südtiroler Identität., die allein zu bewerben sei. Doch ich kann mich gut erinnern, dass für den Luis die Erlebnisse eines gemeinsamen Tirol auch sehr bewegend waren. Als wir etwa in Hannover diesen gemeinsamen Auftritt bei der Weltausstellung gemacht haben. Beim Zurückfliegen gab es damals eine besonders patriotische Stimmung. Das war so ganz eindrucksvoll. Aber mir ist es dann vorgekommen, der Luis habe sich gedacht, bis hierher, doch dann wieder zurück zur eigenen Identität."

Gemeinsame öffentliche Auftritte der beiden geraten schon aufgrund der unterschiedlichen Leidenschaften mitunter zu Duellen auf Umwegen, wie sie für die vertretenen Landesteile kaum typischer sein können. Der Bauer und der Banker? Das ist ein zu plattes Klischee, doch die Spannweite zwischen Watter und Schachspieler beschreibt ganz gut die Bandbreite von Durnwalder bis Weingartner, der den Pfalzener auch in Nordtirol Heimspiele austragen sieht.

„Ich kann mich an eine kleine Begebenheit erinnern, die sehr gut zeigt, wie schlagfertig der Luis ist. Er ist ja passionierter Jäger. Deshalb kam er auch zur Trophäenschau in Seefeld, denn da ist immer die größte mit wahrscheinlich über tausend Jägerinnen und Jägern. Und da ging ich als Tiroler Landeshauptmann auch hin, obwohl ich kein Jäger war. Da hatte man dann eher heitere Reden zu halten, und ich sagte: So ein kleines Land und gleich zwei Landeshauptleute, das ist eigentlich schon ein großer Luxus. Da ist der Luis aufgestanden und hat schlagfertig geantwortet: Ja, er teilt auch die Meinung, aber der, der dann Landeshauptmann ist, der müsse jedenfalls Jäger sein. Das war natürlich sehr schlau von ihm, es gab tosenden Applaus. Ich habe dann erklärt dass ich innerhalb eines Jahres die Jagdprüfung mache, damit ich auch in diesem Wettbewerbsteam bin. Und dann hat er mich dauernd angerufen: Hast du jetzt die Jagdprüfung oder nicht? Die Anekdote ist gleichermaßen typisch für seine Schlagfertigkeit und seine Hartnäckigkeit."

Da grinst er mitten in jener Hypo, die er bis 1989 geleitet hat und die heute mehr denn je nicht nur baulich über einen direkten Gang mit dem Innsbrucker Landhaus verbunden ist, wo er dann 13 Jahre als Landerat und Landeshauptmann an den regionalen Schalthebeln saß. Da liegt die Frage nahe, wie Weingartner eine Dekade nach dem Scheitern der gemeinsamen Tirol-Bank das Projekt von damals bewertet, das seinen Abgang mit verursacht hat – und seinen designierten Nachfolger Ferdinand Eberle noch vor Amtsantritt scheitern ließ. Durnwalders große Enttäuschung – ein ausschließlich Nordtiroler Debakel?

Von draußen nach drinnen: Die größte Hypothek

„Auch für Südtirol waren die Gespräche und Verhandlungen nicht einfach. Doch letztlich hat man sich schon zu einem Ergebnis bekannt. Ein wichtiger Faktor war der größere Eigenkapitalpolster der Südtiroler Sparkasse. Die Hypo hat ja für die Ausdehnung der Geschäfte viel zu wenig Eigenkapital. Das Land hat nie Kapital eingeschossen. Die Hypo hat sich kleinweise ihr Eigenkapital erwirtschaften müssen. Die Südtiroler Sparkasse war da von vornherein in einer anderen Situation – schon von der Gründung her. Sie hat einen großen Immobilienbesitz und ein hohes Eigenkapital. Dass dieses Eigenkapital à la longue entscheidend ist für den Umfang der Geschäfte, das sieht man ja jetzt. Aber man hat nicht erwarten können, dass das Land Tirol die Hypo verkauft oder Budgetmittel zur Eigenkapitalstärkung zur Verfügung stellt. Das hätte ich auch nicht als richtig empfunden. Deswegen kam es zum Versuch einer Kooperation mit der Südtiroler Sparkasse. Dabei war es das Interesse von Luis Durnwalder, dass die Geschäfte *drinnen* sind, dass die Umsätze im wesentlichen *drinnen* gemacht werden, weil 90 Prozent aller Steuern, die in Südtirol erwirtschaftet werden, im Lande bleiben. Das wäre so gewesen wie heute beim Brennerbasistunnel."

Ob die Tirol Bank den Interessen beider Länder gleichermaßen gedient hätte, ist dagegen heute noch so umstritten wie vor zehn Jahren. Die kaum zu entwirrenden Eigeninteressen der damaligen Akteure sorgen weiterhin für erbitterte Pro und Kontra. Aber die Hypo ist weitere zehn Jahre gealtert und als Braut nicht attraktiver geworden. Fühlt sich Weingartner als politischer Hauptprotagonist der damaligen Pläne durch die heutige Situation bestätigt?

„Dass das Eigenkapital entscheidend ist für die Entwicklung einer Bank, darin fühle ich mich bestätigt. Der zweite Punkt ist: Ich habe immer gesagt, Geschäfte in Italien kann man nur machen in einer Kooperation, die warten nicht auf eine Provinzbank aus Nordtirol. Das geht nur gesellschaftlich verflochten mit einer Südtiroler Bank, die den italienischen Markt auch sehr kritisch sieht. Sonst kann man da nur einen Haufen Geld verlieren. Das heißt, eine Südstrategie zu fahren, ohne das Know-how dieses Marktes zu haben, das hat überhaupt keinen Sinn. Und wenn man weiß, dass die Hypo 150 Millionen Euro, einen Großteil in Italien, verloren hat, dann wird man in dieser Meinung schon bestätigt. Eine Strategie der Öffnung nach Norden hatte wenig Sinn, da ist alles schon überbesetzt und hat die Tiroler Sparkasse schon genug Geld verloren. Die brauchen uns sicher nicht. Aber im Süden ist schon Geld zu verdienen. Nur mit Vorsicht und in Kooperation mit einer Bank, die sich *drinnen* auskennt. Das war der Grundgedanke. Aber was schließlich wirklich politisch geschadet hat, das waren damals die Querschüsse von anderen Spitzen-Bankern und -Politikern in Nordtirol, die Angst verbreitet haben, dass unsere Hypo-Kunden dann ihr Geld in Italien abheben müssen, weil die Zentrale nach Bozen kommt. Ein solches Denken ist mir schon ziemlich fremd. Da hat man schon auch von Nordtirol aus Südtirol locker beleidigt."

Bei aller Kritik an anderen Abgrenzungstendenzen aus Bozen: Das Scheitern des Projekts Tirol-Bank sieht Weingartner ausschließlich in Innsbruck begründet. Ein Pyrrhus-Sieg der Gegner. Der Hypo geht es heute schlechter als damals, und keiner der einstigen Hauptkontrahenten ist noch im Amt, weder auf Pro- noch auf Kontra-Seite, weder in der Bank noch im Land. Da blieb kein Mann auf seinem Posten und kein Stein auf dem anderem. Dennoch wäre eine gemeinsame Tirol-Bank eine Einrichtung gewesen, die für die gemeinsame Zukunft des Landes Bedeutung gehabt hätte. Daran lässt Weingartner keinen Zweifel, dass er ein derart zusammengelegtes und dadurch vergrößertes Geldinstitut letztlich als wichtigen Baustein für das Haus Europaregion gesehen hätte.

Bank-Baustein für das Haus einer Europaregion

„Ich glaube schon, dass die Hypo-Frage einen positiven Impuls hätte bringen können – wenn das geglückt wäre und man da wirtschaftlich wirklich eng zusammengearbeitet hätte. Denn die Wirtschaft verbindet ja die Leute. Aber das Gegenteil ist geschehen: Die Begleitmusik, die anti-südtirolische, die da war, hat schon sehr dem gemeinsamen Gedanken geschadet und auch beim Luis Durnwalder die Überzeugung gefördert, dass man diese gemeinsame Strategie eigentlich wieder zurückfahren muss. Das war ein entscheidender Rückschlag. Eigentlich geprägt von sehr provinziellem Denken."

Es ist nicht gerade Aufbruchsstimmung, die der Wassermann Weingartner – viereinhalb Jahre älter als die Waage Durnwalder – da zur Europaregion verbreitet. Doch der Stratege, dessen politische Schüler von Helmut Krieghofer bis Martin Mallaun wieder fröhliche Urständ feiern, sieht unter Günther Platter, seinem Nachnachfolger als Landeshauptmann, den Zug zumindest noch nicht in der Remise. Zwar nicht mit der leidenschaftlichen Verve eines Luis Durnwalder, aber doch mit skeptischem Optimismus ortet er Chancen für jenes vielzitierte Europa der Regionen, das ein Lieblingsthema des Chefs im *Palazzo 1* in der *Via Crispi 3* von *Bolzano* ist.

Europa der Regionen als Gegengewicht zu Brüssel

„Also, die Europäische Union ist ja jetzt wieder im Umbruch. Und da stellt sich die Frage, wie sich dieses Europa entwickelt. Denn eigentlich herrscht ja große Ratlosigkeit. Und wer immer auch hinter diesen Rating-Agenturen steckt – da gibt es ja endlich auch kritische Stimmen. Wenn dieses Europa aber neu konstruiert wird, dann kann es nur so gebaut werden, dass es eine wesentlich kräftigere Zentralmacht hat. Ich habe ja damals, als der Euro eingeführt worden ist, einmal einen Vortrag gehalten, dass es keine gemeinsame Währung ohne gemeinsame Wirtschaftspolitik geben kann. Und da bin ich furchtbar geschimpft worden von der Kammer und von Wien – was mir denn da bloß einfällt. Da habe ich gefragt: Ja, wie soll man denn eine Währung ohne gemeinsame Wirtschafts- und Finanzpolitik machen? Wenn man aber die Zentralmacht stärkt, dann braucht es eine Art Gegengewicht dazu. Und das könnten die Regionen sein. Ich glaube, der Bayer Edmund Stoiber hat einmal gesagt: Europa hat entweder eine Zukunft als Europa der Regionen oder es hat keine Zukunft."

Wer das Europa der Regionen zu Ende denkt, landet unwillkürlich bei einer weiteren Entmachtung der Nationalstaaten. Ausgerechnet das Subsidiaritätsprinzip, das Unwort jeglicher Schlagzeilenbildung, hebelt dann die Zentralmächte aus. Es stärkt wieder die Länder, also jene Ebene, die – trotz des Ausnahmefalls Südtirol – infolge der EU am meisten Macht verloren hat. Weil sie dieses Defizit durch ungebrochene Repräsentation kompensiert, bietet sie letztlich die beste Identifikationsfläche für die Bürger. Tiroler und Europäer – die politische Vision ist im Selbstverständnis längst Wirklichkeit. Das gilt im Süden zwar mehr als im Norden. Doch so wie sich die Südtiroler nicht unbedingt zu Italien bekennen, ist den Nordtirolern das Land näher als der Staat. Das ist kein Separatismus, sondern spiegelt bloß den wachsenden Bezug zu Brüssel und den seit jeher unterentwickelten Hang nach Wien wider. Und zwar mehr als in anderen österreichischen Bundesländern. Modernisierung im Sinne von Europäisierung bedeutet nicht nationale Entsolidarisierung, aber neue Prioritätensetzung. Das Hemd ist näher als der Rock, die Region wird greifbarer als die Nation, wenn sie neue Identifikationsmöglichkeiten bietet. Durnwalder denkt da vielleicht kleinerräumig, ist aber letztlich ein Pionier wie Weingartner, der in der zwiespältigen Annäherung der Regierungschefs zur EU die Krise der Staaten begründet sieht.

Zentralmacht und Freiraum für neue Identitäten

„Es könnte sich ein Freiraum für regionale Identitäten auftun. Da sind natürlich im Sinne des europäischen Gedankens die nationale Grenzen überschreitenden Regionen schon ein interessantes Bindeglied. Hinter dem Gedanken der Europaregion Tirol steckt ja die Überlegung, dass es irgendwann einmal ein zentrales europäisches Machtzentrum geben wird, das sehr viel entscheidet, das dann aber auch unmittelbar demokratisch legitimiert sein muss. Heute erfolgt die demokratische Legitimierung über die Nationalstaaten. Diese Legitimation führt dann dazu, dass die Staatschefs nach Brüssel reisen und ihr Europa feiern. Aber wenn sie heimkommen, erzählen sie, was sie gegen das böse Brüssel für den eigenen Staat erreicht haben. So ist das politische Handwerk, und das würde jeder von uns wahrscheinlich auch so machen. Das liegt an der aktuellen Konstruktion. Doch diese Situation führt wahrscheinlich irgendwann doch zu einem gewaltigen Umdenken. Das ist dann die Chance der Regionen. Ich glaube, dass sie das Gegengewicht zur europäischen Zentralmacht sein können, das diese unbedingt braucht."

Stoiber meint Bayern, wenn er vom Europa der Regionen spricht. Durnwalder und Weingartner können nicht nur Südtirol oder das Bundesland Tirol meinen, wenn sie dieses Thema forcieren. Denn ungeachtet aller schiefen medialen Vergleiche: Ein Fünfundzwanzigstel oder Achtzehntel der Freistaatbevölkerung ist nicht konkurrenzfähig im Wettbewerb der Regionen. Selbst in der Kombination der Europaregion sind es noch siebenmal mehr Bayern als die 1,75 Millionen Tiroler und Trentiner. Da muss der USP, die *Unique Selling Proposition,* wie die Betriebswirte das Alleinstellungsmerkmal nennen, wettmachen, was an Bevölkerungszahl fehlt. Schnittpunkt romanischer und germanischer Kultur, Multikulturalität, Mehrsprachigkeit, ein mehr denn je notwendiges Scharnier zwischen Norden und Süden in der EU ... Das könnte es schon sein. Und der Vorsprung im Vorurteilsabbau gegenüber dem noch vielfältigeren Dreieck von Kärnten, Friaul und Slowenien ist ausreichend – Slawophobie, Jörg Haider und der früheren Autobahn sei Dank. Falls Nord-, Ost- und

Südtirol überhaupt noch kompatibel sind. Denn die Interpretation der demokratischen Systeme dort und hier wirkt letztlich sehr verschieden.

Der Alphatyp und die politische Kultur

„Der politische Prozess im Norden und Süden Tirols ist schon sehr unterschiedlich. Ich glaube, auch die Politik lebt von einem Wechsel der Agierenden. Ich verstehe ja: Hier hat jemand eine lange Erfahrung. Aber die Demokratie lebt – wenn man sich das z. B. in England anschaut – auch davon, dass man wechselt. Deshalb habe ich ja relativ früh diese Verfassungsänderung weg von der Proporzregierung gemacht. In der Erwartung, dass so wirklich eine Mehrheit regieren kann. Dann sollen einmal die einen und dann die anderen regieren. Aber in Südtirol ist die politische Kultur noch anders – auch wenn sie sich nach der Ära Durnwalder verändern wird. Er ist ein starker Alphatyp, der anschafft und der auch alles im Griff hat. Da ist nichts, was ausfranst. Man muss auch sagen, dass die öffentlichen Gelder in Südtirol im wesentlichen ohne Skandale und gut verwendet worden sind. Denken Sie nur an den Straßenbau, den jetzt das Land vom Staat übernommen hat und vergleichen Sie die Qualität, wie jetzt gebaut wird, mit jener von früher. Auch die Krankenhäuser sind gut ausgestattet. In den Gemeinden hat sich doch auch sehr viel entwickelt. Und das heißt: Die öffentlichen Gelder sind in Südtirol nicht verschleudert worden. Das gibt es nicht so oft. Wenn viel Geld da ist, dann passiert vieles. Doch in Südtirol gibt es nur ein paar ganz kleine Geschichten. Im Großen und Ganzen wird das Geld sinnvoll und korrekt verwaltet. Das hat auch damit zu tun, dass der Luis Durnwalder einfach ein korrekter Mensch ist. Er ist das Gegenteil von jemandem, der das Schlawinertum selber produziert. Auch nicht im eigenen Interesse."

Die Bauernschläue, die Durnwalder zugesprochen wird, ist also nicht zu verwechseln mit Schlitzohrigkeit oder gar Bauernfängerei. Grenzüberschreitung ist bei ihm wahrscheinlich ein politisches Anliegen, vielleicht eine private Entwicklung, aber sicher kein moralischer Defekt. Davon ist der Kollege aus Nordtirol überzeugt.

„Der Luis paart die Bauernschläue mit einer unbedingten Korrektheit. Und davon profitiert Südtirol schon sehr. Wenn man beobachtet, was da allein alles gebaut und realisiert worden ist, kann Südtirol sehr zufrieden sein. Wenn man etwa an den neuen Plan für die Verlegung des Bahnhofs denkt, der Bozen sicher noch mehr Urbanität verleihen wird, es noch attraktiver machen wird. In Südtirol ist das öffentliche Geld nicht *vertschandert* worden, wie man in Osttirol sagen würde. Sondern das Geld wurde gut angelegt. Und zwar so, dass man einen politischen Umbruch in der korrekten Verwendung der Gelder sicher nicht braucht. Aber die politische Kultur wird wohl eine andere werden. Derzeit ist sie fokussiert auf eine Person. Wer immer da jetzt nachkommt, wenn der Luis zurücktreten wird: Da wird dann schon manches anders werden. Ein Neuer – vielleicht ein Übergangskandidat – wird vor allem mehr delegieren."

Volkssport Nr. 1 – Die Suche nach dem Nachfolger

Der Neue. Der Nachfolger. Wer immer da kommen wird. Das Rätselraten um den Mann nach Durnwalder ist seit Jahren der Volkssport Nr. 1 – an eine Frau glaubt spätestens seit dem rapiden Vorzugsstimmen-Rückgang von Sabina Kaslatter Mur fast niemand mehr. Doch der Luis sitzt alle Spekulationen aus. Gut möglich, dass sein künftiger Nachfolger heute so wenig beachtet wird, wie es beim ihm selbst der Fall war. 1984, da ist Durnwalder schon fünf Jahre Landesrat, erwähnt ihn Felix Ermacora in seinem Standardwerk *Südtirol und das Vaterland Österreich* mit keinem Wort. Ein Überraschungskandidat – selbst für den Alten, für Magnago, den er gleich bei der ersten Wahl 1988 in Sachen Vorzugsstimmen übertrumpft. Wie gelingt solch ein kometenhafter Aufstieg?

„Er ist einfach eine attraktive Persönlichkeit. Auch im politischen Sinne. Dort ganz besonders dadurch, dass er sozusagen permanent signalisiert: Ihr könnt mir vertrauen. Die Leute müssen ja der Politik vertrauen. Und dem Luis Durnwalder hat man eigentlich immer vertraut, schon in früher Zeit. Das konnte er durchwegs vermitteln. Und dann spielt natürlich eine große Rolle, dass er auch so eine Art Südtirolertum als Person vermittelt, den Südtiroler geradezu personifiziert hat. Wahrscheinlich mehr als der Silvius Magnago. Der konnte zwar stundenlang erzählen und hat natürlich auch immer sich selber sehr wichtig genommen. Aber er war ein akademischer Landeshauptmann, der eigentlich die Nähe zur Bevölkerung nicht gehabt hat. Er hat dann zwar doch die Zuneigung der Leute gehabt, aber er war auch immer von den Bürgern ein bisschen entfernt."

Dieses Magnago-Symptom in Südtirol findet seine Entsprechung beim Weingartner-Syndrom in Nordtirol. Der Nachnachfolger von Eduard Wallnöfer galt auch als akademischer Landeshauptmann, der nicht unbedingt volksnah agierte (was allerdings seinem Nachfolger, dem Wallnöfer-Schwiegersohn Herwig van Staa, dann noch mehr vorgeworfen wurde). Weingartner ist reflexionsfähig genug, um das einzugestehen.

„Vielleicht habe ich viele Dinge zu theoretisch gemacht. Das war natürlich das genaue Gegenteil von dem, was der Günter Platter tut, der viel näher an den Leuten ist."

Klingt, als wüsste Weingartner, was 2020 sein soll. Sein Terminkalender ist immer noch voll. Sogar mitten im Sommer. Ein Umtriebiger, der nach wie vor nahezu permanent pendelt zwischen den Landesteilen. Ein Ratgeber diskret im Hintergrund, in dessen Einfluss viel hineingeheimnist wird, den er aber nicht preisgibt. Leise, präzise, bestimmt, nur noch ein wenig schneller redend, weil der nächste Termin naht, er aber noch antworten will auf die Frage nach 2020.

„Ja, man denkt halt nach, was richtig ist und was falsch. Und das ist möglicherweise in einer Zeit, die eigentlich nur von einer Wahl auf die andere lebt, nicht unbedingt gut – für den politischen Erfolg. Der Magnago zum Beispiel hat mir immer erzählt, wie er da auf Sigmundskron war, hat er sich eigentlich lossagen wollen von Rom. Aber wie er dann oben war und die Massen gesehen hat, da hat er dann ganz plötzlich gesagt: Nein, das geht jetzt nicht, da bricht das Unheil aus. Also hat er ‚Los von Trient' gesagt. Das war eine strategische Weichenstellung zur Autonomie. Aber die ist eigentlich spontan erfolgt. Und ich glaube, dass der Luis Durnwalder schon aus seiner Art und auch der Nähe zur Bevölkerung sehr viel geschöpft hat. Am Anfang war er nicht wie heute, kein so unangefochtenes Alphatier. Vielleicht ist er aber in letzter Zeit nicht mehr so ganz unangefochten."

Das Wort mag aus guten Gründen verpönt sein. Doch es wird nicht deutlicher, wenn der Führungsanspruch zum englischen *Leadership* verkommt. Und genau um diese Führung geht es. Das sieht auch Weingartner beim Pustertaler mit dem auffälligen Zug nach vorne so.

Wenn sonst alles nichts nutzt, nutzt nur noch Geld

„Diesen Führungsanspruch, den hat er immer gestellt. Und ich glaube, wenn man einmal Bilanz zieht, wenn er einmal nicht mehr Politiker sein wird, dann wird seine Ära als eine sehr gute Zeit für Südtirol gelten. Auch oder gerade wirtschaftlich. Er hat die Situation, dass Rom den Südtirolern viel Geld lässt, gut umgesetzt. Man muss aber wohl auch bedenken, dass hinter diesem Geld aus Rom die klare Strategie steht, die Südtiroler zu assimilieren. Mit der Unterdrückung von Sprache und Kultur der Südtiroler ist das Italien nicht gelungen, es hat auch die Aussiedelung nicht den gewünschten Erfolg gebracht – und auch nicht die Strategie des Unterwanderns. Aber das Geld, das scheint jetzt zu nutzen."

Die Funktion des Landeshauptmanns dagegen erscheint als Projektionsfläche und Identifikationsfigur wichtiger denn je. Sieht Weingartner einen Nachfolger? Da schaut er lange. Erst am Fragesteller vorbei – ins Leere Richtung Landhaus, dann auf die Hände, die die Tasse mit dem *Macchiato* zwar immer wieder berühren, aber ihn letztlich doch nicht bis zur Neige getrunken stehen lassen. Alles nur eine Frage des richtigen Maßes. So wie die letzte Frage nach dem nächsten Landeshauptmann von Südtirol.

„Also offiziell geht mich das natürlich nichts an, das muss ich einmal voraussetzen. Der schlaue Luis sagt, es gebe viele Sterne am Südtiroler Politikerhimmel, aber leider sei der Himmel oft bewölkt, und man sehe die Sterne nicht. Es gibt sicher interessante Persönlichkeiten. Die Frage ist, ob es einen Übergangskandidaten gibt, oder ob eine ganze Generation übersprungen wird. Im Falle des Rückzugs wird aber die Partei die Entscheidung fällen. Dass der politische Erblasser seinen Nachfolger bestimmt, ist in der Demokratie nicht üblich."

Oben: Volksverbundenheit: Mit den Bauern immer noch auf Augenhöhe.
Unten: Landeshauptmann für alle: Im Gespräch mit einem Angehörigen der Südtiroler Feuerwehr.

Gedankensplitter 3

Es kann nur einen geben

Gedächtnisnotizen und weitere Gedanken zu einem Interview vom 13. April 2011

Da ist er wieder, der einerseits fragende, andererseits bohrende Blick. Da ist es wieder, dieses sowohl sezierende als auch einladende G'schau. Da ist sie wieder, die zugleich amikale wie überlegene Pose. Der Landeshauptmann zeigt sich, staatsmännisch bis spitzbübisch, sucht den Applaus der nachfolgenden Generationen. Martin Außerdorfer von der Brennerbasistunnelgesellschaft hat den Termin eingefädelt, Durnwalder mustert abwechselnd ihn und den Interviewer, pendelt zwischen der Nachwuchshoffnung für die Südtiroler Volkspartei und dem Publizisten aus der Nordtiroler Medienszene. Abtasten, Sondieren, Hinterfragen. Dass einer von *draußen* dieses Buch schreiben will zu seinem Siebziger.

Auf was hat er sich da bloß eingelassen, als er am Wiener Opernball Hermann Petz, dem Chef der Moser Holding, seine Mitwirkung zugesagt hat – an einem Projekt von Styria Verlag und *Tiroler Tageszeitung*. Und die Athesia, der größte Buchverlag und -handel im Land? Und die *Dolomiten*, das Tagblatt der Südtiroler? Und deren Chefs, die Brüder Michl und Toni Ebner? Man kennt sich. Mitunter nur zu gut. Man hat seine Geschichten – mit- und gegeneinander.

Es braucht lange, bis er warm wird. Zu viele Fragen nach dem Früher, nach den 1960er-Jahren, nach der Ära seines Vorgängers, der noch länger im Amt war, als er jetzt ist. Magnago oder Durnwalder, das ist die Frage, die er in keinem Interview, sondern durch seine Amtsführung beantworten will. Ein *Highlander:* Es kann nur einen geben. In Felix Ermacoras erwähntem Standardwerk *Südtirol und das Vaterland Österreich* von 1984 kommt Durnwalder auf allen 544 Seiten nicht vor. Obwohl er da schon fünf Jahre Landesrat ist. Alfons Gruber widmet ihm in Meinrad Pizzininis *Zeitgeschichte Tirols* von 1990 aber immerhin schon den letzten Absatz, denn der damals neue Landeshauptmann hat „in den ersten Monaten seiner Amtszeit klar gemacht, dass er die geschichtliche Tradition des Alten Tirol von Kufstein bis Ala neu beleben will. Das ist zweifelsohne eine politische Perspektive europäischen Zuschnitts".

Erst am Ende des Gesprächs sprießt zaghaftes Zutrauen, strategisches Aus-Der-Schule-Plaudern über Erlebnisse aus der Frühsprechstunde: „Darüber schreiben Sie aber nichts!" Wenn doch, ist das Publikum amüsiert und *der Luis* trotzdem nicht blamiert. *Schau mer mal.*

Rechts: Beim Watten.

Oben: Besuch aus der Wiener Hofburg: Mit Bundespräsident Heinz Fischer.

Unten: In der Zange: Mit Vorgänger Silvius Magnago im Gespräch mit Andreas Khol.

Oben: Aussprache: Mit Herwig van Staa, früher Landeshauptmann, jetzt Präsident des Tiroler Landtags.

Unten: Neuer Partner: Mit Günther Platter, dem bereits vierten Gegenüber in Innsbruck.

Andreas Hofer-Gedenken: Mit den Amtskollegen Wendelin Weingartner und Carlo Andreotti.

Kapitel 6

Morgens um sechs ist die Welt noch in Unordnung

Die Wahrheit über Südtirol offenbart sich vor den Amtsstunden im Landhaus

Machtwechsel, Wachablöse, Hofübergabe: Als Luis Durnwalder am 17. März 1989 vom Südtiroler Landtag zum Landeshauptmann gewählt wird, beginnt fast übergangslos eine neue Ära. Es gelingt ihm geradezu schlagartig, aus dem Schatten seines bereits legendären Vorgängers zu treten. Das verdankt der Neue vor allem seinem komplett anderen persönlichen und politischen Stil, der so komplementär bis konträr zum Auftreten des Alten ist, dass er sich dadurch dem direkten Vergleich bis heute in vielen Aspekten entzieht. Durnwalder versteht aber auch das Geschäft der schnellen Mythenbildung. Es gibt Anekdoten zuhauf über seine Entscheidungsschnelligkeit. Da ist einer schon froh, dem Landeshauptmann von Angesicht zu Angesicht eine Idee vortragen zu können und kommt zuweilen verblüfft mit einer sechsstelligen Förderungszusage heraus.

Dieses sich rasch verbreitende Macher-Image allein hätte die umgehende Emanzipation von dem immerhin noch vier Jahre als Parteiobmann agierenden Silvius Magnago aber kaum bewirkt. Durnwalder verdankt es vor allem dem grenzgenialen Einfall von Frühsprechstunden. Landeshauptmann für alle sein – was schon in der Regierungserklärung aufhorchen lässt, aber vor allem als Angebot an die Italiener verstanden wird, erfährt am Tag der Amtsübergabe eine deutliche Verstärkung: Die „einfachen Bürger (...) sollen keine Scheu haben, in meinem Büro vorzusprechen“, sagt er da und verspricht, sich ihrer Anliegen und Sorgen so weit wie möglich helfend anzunehmen.

Praxis für psychosoziale Polithygiene

Solche Ankündigungspolitik ist Fixbestandteil vieler politischer Sonntagsreden. Doch Durnwalder institutionalisiert sein Versprechen umgehend. Von sechs bis acht Uhr morgens ist er für den sprichwörtlichen Mann von der Straße in seinem Büro im zweiten Stock des Landhauses 1 zu sprechen. Ohne Voranmeldung. Außerhalb des Terminkalenders. Das verbreitet sich wie ein Lauffeuer im Land. Der Multiplikatoreffekt dieser Sprechstunden übertrifft alle Instrumente der modernen medialen politischen Kommunikation. Ein Landeshauptmann zum Anfassen. Bodenständig, bürgernah, volksverbunden – sagen die einen. Fürstenmäßig, vordemokratisch, absolutistisch – schimpfen die anderen. „Dann geh' ich zum Luis!“ Was in Südtirol im Nu selbstverständlich wird, wirkt für Beobachter von *draußen* bis heute unglaublich. Denn Durnwalder hört nicht auf damit. Seit beinahe einem Vierteljahrhundert schon empfängt er in Dunkel, Dämmerung oder erster Sommersonne. Denn morgens um sechs ist die Welt noch in Unordnung, und nirgendwo erfährt er mehr über seine Südtiroler und Südtirolerinnen. Dabei betreibt der Landeshauptmann geradezu eine Praxis für psychosoziale Polithygiene: „Mir ist viel lieber, wenn sie in der Früh kommen und mir ihre Meinung sagen und mir das Herz ausschütten, als wie wenn sie einen ganzen Vormittag im Vorraum beim Psychiater sitzen. Denn erstens müssen sie dort zahlen und zweitens sind sie sicher nicht so glücklich, wie wenn ich ihnen zwei, drei Minuten zuhöre und dann sage, du wirst sehen, das geht schon. Dann gehen sie raus und sind zufrieden. Ich suche einfach diese persönliche Beziehung mit den Leuten. Oft weiß ich weder wenn sie kommen, noch wenn sie rausgehen, was sie gewollt haben. Da kommen Künstler, Erfinder, der Pfarrer und der Universitätsprofessor, die Bauern und die Huren. Alles kommt. Wenn sie dann da sind, weiß jeder genau: Das ist der Erste, das der Zweite usw. Und wenn einer vorgeht, dann wird er gepackt."

Dienstag bis Freitag um sechs. Montag ist Pause, weil Durnwalder sich da auf die Regierungssitzung vorbereitet. Samstag und Sonntag bleibt das Landhaus zu. Aber ansonsten hält er abgesehen vom Urlaub viermal pro Woche seine Frühsprechstunden, wenn er im Lande ist. Die Leute rufen am Vortag an, ob er auch wirklich da ist, und dann stehen sie an. Wer um vier Uhr kommt, ist meistens nicht der Erste in der Schlange. Bis zu dreißig Bürger spricht er so, bevor der eigentliche Arbeitstag beginnt. Da bildet sich mitunter eine parallele Agenda zu den Pflichten des normalen Terminkalenders, aber noch mehr die wahrscheinlich umfangreichste Anekdotensammlung des Landes. Doch der Beichtvater des Diesseits gibt wenig preis, ehrt das Vertrauen seiner Besucher, indem er schweigt. Ausnahmen bestätigen die Regel – allerdings mit dem Vorsatz: „Aber das dürfen Sie nicht schreiben!"

Der kleine Mann und die Frauen von der Straße

Einen Versuch ist es aber allemal wert: „Ich erzähle das nur, weil es so typisch ist: Da kommt eines Morgens eine Frau, und wir beginnen so zu reden. Dann sagt sie plötzlich ganz unvermittelt: *sono una putana,* ich bin eine Hure. Also frage ich: Was kann ich für Sie machen? Also beginnt sie zu erzählen. Sie ist eine Tänzerin gewesen und in der ganzen Welt herum gekommen. Bozen hat ihr dann aber so gefallen, dass sie da eine Wohnung gekauft hat – und die Tochter hier in die Schule geschickt. Doch jetzt ist sie 50 Jahre und als Tänzerin nicht mehr so gefragt. Also geht sie auf die Straße, weil sie sonst nichts gelernt hat. Doch jetzt hat sie die Tochter in der Nacht auf der Straße getroffen und schämt sich derart für sie, dass sie unbedingt etwas anderes tun will. Dann habe ich ihr eine Arbeit gefunden. Nun ist sie zufrieden, hat sie mir geschrieben.

Dann die Nächste, wirklich zufällig – schön, groß, aber: *sono una prostituta.* Ich dachte: Was ist denn heute los? Aber ein Transvestit – *pero trans.* Dann habe ich gesagt: *allora!* Und so zeigt sie mir einen Zettel, ein Dekret vom *questore,* vom Polizeidirektor, der ihr gesagt hat, innerhalb von 24 Stunden muss sie Südtirol verlassen. Doch sie hat in Bozen einen Freund, und sie möchte unbedingt bleiben. Also frage ich: Was soll ich tun? Dann sagt sie, ob ich nicht schauen könnte, dass sie da bleiben kann. Also versuche ich ihr zu erklären, dass ich in dieser Angelegenheit ja wirklich nicht gut dem Quästor schreiben kann – zum Schluss hält er mich noch für einen Kunden – und frage sie, wie sie denn überhaupt erwischt worden ist. Vorgestern mit einem Klienten in der Industriezone, den sie aus dem Auto behandelt hat. Da ist die Polizei vorbei gekommen und hat sie gleich mitgenommen. Schließlich habe ich ihr einfach einen menschlichen Rat gegeben: Gehen Sie persönlich zum *questore* und sagen Sie: ‚Ich habe einen Fehler gemacht, bereue es und kann Ihnen garantieren, dass ich das ganz bestimmt nicht mehr tue. Aber geben Sie mir noch einmal eine Chance und lassen Sie mich da bleiben.' Dann ist sie gegangen. Aber schon im Laufe des Vormittags kommt meine Sekretärin mit einem Zettel: *presidente, molte grazie, ha funzionato perfettamente.* Solche Sachen kommen auch immer wieder vor. Ich weiß nie, was der Morgen bringt."

Als Nebeneffekt ein Führungsinstrument

Aber er weiß ganz genau, was ihm die Frühtermine insgesamt bringen: „Sagen wir so: Mir geben diese zwei Stunden menschlich mehr als dann der ganze Vormittag. Weil in der Früh kommen die Ungeschminkten mit den Problemen, die draußen auch täglich vorkommen. Danach erfährst du ja nie von allen die ganze Wahrheit. Ich weiß, dass ich zwischen sechs und acht viel mehr erfahre, was tatsächlich geschieht, als von acht bis zwölf. Von sechs bis acht kommen die Leute mit den wirklichen Schwierigkeiten, die es da draußen gibt. Ganz gleich, ob es ein Bauer ist oder ein Akademiker, ein Lehrer oder eine Prostituierte: Das sind ganz reale Probleme, die es bei uns gibt. Und die erzählen sie mir. Hingegen nach acht kommen oft auch die ein bisschen Frisierten, die nicht mehr unbedingt die Wahrheit sagen. In der Zwischenzeit hat man ja eine gewisse Erfahrung. Ich kann schon nach dem zweiten Satz sagen, ob einer wirklich ehrlich ist oder nicht. Da helfen mir die Sprechstunden in der Früh. Ich weiß dadurch ziemlich genau, wie die Realität ist in unserem Land."

Kein leichter Fall für Lobbyisten. Neben der Erforschung der Wirklichkeit dienen die Frühtermine aber auch als Führungsinstrument. Politikbeobachter analysieren, Durnwalder brauche auch deshalb nie Chef der Partei zu sein, weil er sie durch seine persönliche Greifbarkeit ohnehin besser im Griff habe, als ein Obmann mit all den Gremien und Strukturen es könnte. Auf den Punkt gebracht: Wenn ein Bürgermeister etwas dringend braucht, dann sucht er nicht den Weg über die SVP und auch nicht den Kontakt über ein Terminansuchen im Vorzimmer des Landeshauptmanns – sondern erkundet, ob dieser morgen da ist und stellt sich dann an. Durnwalder schaut bloß listig bei der entsprechenden Frage, geht aber nicht darauf ein. Das Instrument ist vor allem dann effizient, wenn es zwar ihn alltäglich zu nachtschlafener Zeit aus dem Bett wirft, aber keine schlafenden Hunde weckt.

Bevor er später kommt, hört er ganz auf

Notwendig hat er das längst nicht mehr. Doch er kennt die Kraft gerade dieses Symbols – im positiven wie negativen Sinn. Also verneint er auch nach mehr als zweiundzwanzig Jahren mit diesem Ritual die Sehnsucht nach einem späteren Arbeitsbeginn: „Wenn ich dieses Bedürfnis einmal haben sollte, dann höre ich ganz auf. Weil dann weiß ich: Jetzt fehlt etwas. Ich habe das bis jetzt aus Überzeugung gemacht, obwohl ich ja eigentlich ein Langschläfer bin. Für mich ist der größte Genuss im Urlaub, dass ich ausschlafen darf. Aber ansonsten weiß ich: Da sind Leute, und ich sehe Leute gern – und zwar von vorne und nicht von hinten."

Nicht nur, was er da sagt, vor allem, wie er das sagt, wirkt nicht nach einem, der schon oft darüber nachdenkt, sich zurückzuziehen. Durnwalder scheint gerade aus dem vielfältigen und intensiven Kontakt mit Menschen aus allen gesellschaftlichen Schichten jene Kraft zu schöpfen, die ihn bis heute vorwärts treibt. Wäre da nicht das noch junge private Glück dieses leidenschaftlichen *workaholics*, das doch schwer in die andere Waagschale fällt, hielte sein Gegenüber wohl jede Wette: Der Mann tritt auch 2013 wieder an.

Kapitel 7

Ob blond, ob braun ...

Ein Mann der Frauen und das Spiegelbild einer Gesellschaft im Umbruch

Von der Frau verlassen, die erwachsene Tochter gestorben, von der öffentlichen Freundin getrennt, neue Lebensgefährtin mit jugendlicher Tochter, dann gemeinsame Tochter ... Luis Durnwalder durchbricht alle traditionellen Familienklischees vom Heiligen Land Tirol, ohne dass seine Popularität als Politiker Schaden nimmt. Sein Privatleben im dritten Jahrtausend wirkt wie die unausgesprochene Aufforderung an viele Kollegen, doch die Scheinfassade einzureißen und sich den zeittypischen Umständen von Partnerschaft zu stellen: Der Wunsch nach immerwährender Zweisamkeit hat nur noch eine Fifty-Fifty-Chance auf Erfüllung. Die potenzielle Wählerschaft vermag damit sogar in katholischen Hochburgen wie Südtirol besser umzugehen, als je ein Meinungsforscher prophezeit hätte.

Entweder die Ehe oder die Politik

Durnwalder selbst lässt sich nicht anmerken, wie schwer ihm das Verkraften der familiären Veränderungen insbesondere in seinem siebten Lebensjahrzehnt gefallen ist: „Beim Tod meiner Tochter habe ich sehr, sehr viel Anteilnahme bekommen. Da haben die Leute wirklich Mitleid für mich gehabt und auch Mitgefühl." Der Satz wirkt, als sei er das sonst nicht gewohnt. Einer, der austeilt, muss auch einstecken können? Soll selbst schauen, wie er mit all dem fertig wird? „Ich habe meinen Wählern wirklich sehr viel zugemutet. Das ist ja keine Selbstverständlichkeit bei uns, dass sich ein Landeshauptmann scheiden lässt. Ich war immerhin 25 Jahre, von 1972 bis 1997, mit der Gerda Furlan verheiratet. Als das auseinandergegangen ist – in unserem Fall war ja sie es, die gesagt hat: Ich habe dich geheiratet, nicht die Politik. Also entweder oder…" Lediglich die Gestik verändert sich auch 14 Jahre später noch auffallend, wenn Durnwalder über diese Trennung spricht: Die ansonsten so lebhaften Hände umfassen einander, scheinen alles Verräterische, sich Preisgebende bändigen zu wollen: „Ich habe dann klargestellt, dass ich nicht auf einmal alles hinschmeißen kann. Aber es waren damals sicherlich auch andere Hintergründe. Die Kinder waren von zu Hause bereits weg und konnten sich selbst versorgen."

In der Reduzierung des Familienlebens auf ein Paardasein jedoch entpuppt sich der enorme Arbeitsaufwand des Frühaufstehers und Spätschlafengehers: „Sie wollte einfach eine totale Veränderung des Lebens. Sie hat damals gesagt, es soll einfach grundsätzlich Ehen auf Zeit geben. Deswegen ist es dann zur Trennung gekommen." Keine formale Instandhaltung um jeden Preis, wie es nicht nur im politischen Umfeld auch nach dem privaten Auseinanderleben durchaus üblich geworden ist. Nach dem Motto: Jeder geht seiner Wege, spielt jedoch für die Öffentlichkeit die große Show von der Gemeinsamkeit. Dem Landeshauptmann ist das Risiko dieses abseits der Politik längst gesellschaftsfähigen Schritts bewusst. Es geht immerhin um die Vorbildwirkung des ersten Manns im Land: „Natürlich hat es mir vor allem innerlich weh getan, denn ich wollte mit ihr weiter machen. Aber ich habe schon auch große Bedenken gehabt, wie die Bevölkerung darauf reagieren wird. Und ich hätte mir nie, wirklich nie vorstellen können, dass die Leute so viel Mitgefühl und Verständnis zeigen. Eigentlich hat mir nie jemand etwas vorgeworfen. Selbst der Bischof hat mit mir Kontakt aufgenommen."

Der mehrfache und öffentliche Tabubruch

Doch damit nicht genug des Tabubruchs. Als Durnwalder nur wenig später ein neues privates Glück durchaus öffentlich zelebriert, bricht und bedient er zugleich so ziemlich alle Vorurteile von Tirolern und über Männer. Heike Müller, Ärztin, blond und … „Als ich dann ein Verhältnis aufgebaut habe mit einer Deutschen, mit der Frau Dr. Müller, und die mir ein anderes Lebensgefühl und eine andere Art des Umgangs gezeigt hat, haben das eigentlich alle so akzeptiert." Die Beziehung ist längst beendet, doch der Landeshauptmann immer noch verblüfft. Wobei das „Deutsche" wohl die härteste Nuss für die Bevölkerung war – in ihrer zwiespältigen Beziehung zu den Angehörigen des größten Staats der größten Sprachgruppe in der EU. „Auf jeden Fall habe ich bei jeder Wahl mehr Stimmen gekriegt: Was mich ja sehr gewundert hat, muss ich ehrlich sagen. Vielleicht auch deswegen, weil ich es nie irgendwie versucht habe zu vertuschen. Sondern ich habe einfach gesagt: So ist es. Schaut, ich bin kein Heiliger, das wisst ihr ganz genau. Wenn ihr das gewollt hättet, hättet ihr einen Heiligen wählen müssen – oder meine Mutter, aber nicht mich. Ich bin einer aus dem Volk wie alle anderen auch, habe meine Vorzüge und meine Nachteile. So ist es halt. Und ihr habt mich nicht deswegen gewählt, weil ich so brav bin, sondern weil ihr gesagt habt, der hat gewisse Fähigkeiten, dessen Programm akzeptieren wir."

Der bodenständige Patchwork-Landesvater

Die allgemeine weitgehende Toleranz seines Liebeslebens ist seinem Selbstbewusstsein durchaus zuträglich. Da sitzt einer, der das oberste Gebot für jeden Politiker nicht mit allzu vielen Ausnahmen verwässern muss. Die Authentizität von Durnwalder ist offensichtlich. Einer der weiß oder zumindest glaubt, er kann tun, was er will, wenn er nur dazu steht: „Meine 110.000 Stimmen von 2003, das war ja nicht nichts. Und 2008 waren es zwar weniger Stimmen – aber noch mehr Zustimmung, weil ich ja einen höheren Anteil als fünf Jahre davor erzielt habe. Die Partei lag ja gegenüber der vorhergehenden Wahl weit zurück. Aber ich habe 67 Prozent an Vorzugsstimmen gekriegt. Das hat bisher noch niemand geschafft."

Obwohl oder gerade weil er damals bereits die nächste Änderung vollzogen hatte. Unter „Familie" stand in seinem „Profil" für die Wahl 2008 auf der Homepage des Landes: „Sohn Hannes, Tochter Sigrid (verstorben), geschieden, zusammenlebend mit: Angelika Pircher-Lamprecht (nicht mehr mit Heike Müller)." Die Zustimmung trotz des neuerlichen Partnerwechsel verblüfft ihn bis heute: „Ich habe mich wirklich selber gewundert, dass die Bevölkerung so stark zu mir gestanden ist und gesagt hat: So ist er halt, aber er macht seine Aufgabe als Politiker gut, und deswegen wollen wir ihn. Vielleicht auch deswegen, weil ich sehr viele Leute kenne, immer gern mit den Menschen im Land Kontakt habe. Ich habe so das Gefühl, die Leute mögen mich, mögen mich so, wie ich halt bin. Ich glaube, sie sagen: Mit ihm kannst du jederzeit reden, er bemüht sich, jedem zu helfen, er ist für jeden da."

Handschlagsqualität, Bodenständigkeit und die von Politikern viel geforderte „Liebe zu den Menschen" sind wohl das Erfolgsgeheimnis von einem, der sich in jedem Wortsinn angreifbar macht: „Wenn einer mit mir im Gasthaus sitzt, sagt keiner: Schau, der Landeshauptmann. Sie sagen: Schau, da hockt der Luis. Ich habe so das Gefühl, dass sie eine Freude haben, wenn sie mich sehen, wenn sie mit mir einen Watter machen können, wenn sie mit mir diskutieren können. Ich bin für sie der Luis. Das zeigt mir, dass sie mich so akzeptieren. Aber ich habe, ehrlich gesagt, Angst gehabt, dass ich den Leuten zu viel zugemutet habe."

Gerade angesichts der Berichterstattung zu 50 Jahre Feuernacht und ihren traditionellen Protagonisten, die weniger wohlwollend als „hinterwäldlerisch anmutend" bezeichnet werden, wirkt das seltsam zwiespältig: der Patchwork-Landesvater – ein Spiegelbild der Öffnung der Südtiroler Gesellschaft? „ Ja, sicher. Wenn einer sich scheiden hat lassen, ist er früher schon irgendwie schief angesehen worden. Heute werden fünfzig Prozent der Ehen geschieden. Das heißt: Es gab in den letzten zehn, fünfzehn Jahren eine Veränderung in diesem Bereich, die man sich überhaupt nicht vorstellen konnte." Da kommt mitunter auch das Selbstverständnis Durnwalders nicht nach: „Ich habe mich ja dann wieder von der Deutschen getrennt und eine Südtirolerin geheiratet." Das hat den Landsleuten schon gefallen, dass er wieder mit einer Einheimischen zusammen ist.

Es reicht, wenn einer in der Zeitung steht

Erst ein paar Minuten später bemerkt er den Versprecher, als er über seine zweijährige Tochter Greta spricht: „Auch die Frau hat ja gesagt zum Kind ... oder die Lebensgefährtin."

Angelika Pircher „will nicht in die Öffentlichkeit. Sie sagt, es reicht, wenn einer in der Zeitung steht und im Fernsehen ist", sagt der Lebensgefährte und Vater ihres Kindes, das manche Medien noch früher erwartet hatten als letztlich seine Eltern. „Gerüchte, wonach die neue Lebenspartnerin Durnwalders Angelika Pircher-Lamprecht, die er seinem Nordtiroler Kollegen beim Treffen in Pfalzen vorstellte, ein Kind erwarte, dementierte das Paar", melden die *Tiroler Bezirksblätter* noch vor den Südtiroler Landtagswahlen im Sommer 2008. Fast exakt ein Jahr vor Gretas Geburt am 3. August 2009 – da ist der Vater 67.

Vater, Stiefvater und Großvater

Glücklich wirkt er auch nach drei Jahren Beziehung und froh, sich in keiner Weise verstecken zu müssen: „Sie war Witwe und als Leiterin eines Kindergartens auch sehr angesehen. Aber als ich dann wieder Vater geworden bin, habe ich mich schon gesorgt: Wie wird denn das wieder aufgenommen werden? Aber da haben sich sogar Gruppen von Frauen zusammen getan, um mir Jacken und Kleider zu stricken. Berge von Selbstgemachtem. Sachen, die man nicht kaufen kann. Viele Leute haben Verbindung mit mir aufgenommen, wollten für mich irgendetwas machen, weil sie eine Freude haben mit dem Kind – genauso wie ich. Und noch mehr haben mich gebeten: Zeigen Sie sich mit Ihrer Tochter, wir möchten sie so gerne sehen." Da fühlt er sich so richtig angenommen und akzeptiert. „Ich habe es ja nicht gemacht, um den Leuten zu gefallen, sondern weil wir unbedingt ein Kind gewollt haben. Und deswegen haben wir es. Dass die Bevölkerung das nicht ablehnt, sondern derart zur Kenntnis nimmt, weil sie glaubt, jetzt ist er noch glücklicher als vorher – das freut mich."

Kurz vor seinem 70. Geburtstag dann erneuter Kindersegen. Sein Sohn, der Liebe wegen in Vorarlberg, macht den Luis am 1. Juli 2011 zum Großvater: „Als ich im Landeskrankenhaus Bludenz das Licht der Welt erblickte, wog ich 2970 g und war 50 cm groß. Meine Eltern Susanne und Hannes Durnwalder, mit denen ich in Brand wohne, freuen sich sehr über meine Geburt", steht der entsprechende Eintrag landestypisch auch auf *Vorarlberg Online*. Wer weiter surft, findet auch etwas über den Vater: „Ich heiße Hannes Durnwalder und bin Susanne Schedlers Mann. Ich bin Südtiroler und habe in Wien Landwirtschaft mit Spezialisierung Weinbau studiert. Während des Studiums habe ich in der Toskana (Conte Guicciardini), in Chile (Viña Carmen), in Südafrika (Paul Clüver Estate) und in Frankreich (Cheval Blanc) bei Auslandspraktika viele tolle Erfahrungen und viel Wissenswertes über den Wein erworben. Nach dem Studium blieb ich der Weinbranche treu und arbeitete zuletzt als Verkaufsleiter bei der Ersten+Neuen in Kaltern/ Südtirol. Dabei kam ich anlässlich einer Weinverkostung ins Brandnertal ... und ... Susi ließ mich nicht mehr fort! :-)" So lautet das Vorwort der Weinkarte des Hotels Sarotla in Brand. Ein seltsamer Kreislauf: Silvius Magnagos Mutter war Vorarlbergerin, Luis Durnwalders Sohn zieht in die neue Heimat so vieler Optanten.

Unterdessen ist Maria, die Stieftochter des Landeshauptmanns, schon 18. „Wir haben ein ausgezeichnetes Verhältnis", strahlt der Herr des Dreimäderlhauses. Schon vor Jahresfrist gesteht er dem *Alto Adige*: „Die Geburt meiner Tochter Greta hat mein Leben verändert, speziell was Weihnachten anbelangt. Das heurige Fest erinnerte mich an Weihnachten, als ich noch klein war. Mit so einem kleinen Geschöpf empfindet man diese Tage viel intensiver. Die ganze Familie war vereint, auch mein Sohn Hannes und Angelikas Tochter Maria."

Vom Privatleben zur Familienpolitik

Seine ganz privaten Umstände verändern aber auch das politische Bewusstsein. Nicht nur der Bevölkerung, sondern in erster Linie jenes des Landeshauptmanns selbst. Tradition trifft Moderne: „Ich habe ja seit jeher vieles, was Familienpolitik anbelangt, miterlebt. Ich habe Verständnis, wenn jemand viele Kinder hat, und wenn jemand irgendwo 1.200 Euro verdient oder noch weniger und Kinder hat. Ich weiß wirklich aus eigener Erfahrung, was das bedeutet. Weil ich das als Kind selber miterlebt habe. Und deswegen habe ich Verständnis für kinderreiche Familien. Ich habe Verständnis für die traditionelle Familie, und zwar deshalb, weil ich das Glück gehabt habe, in einer traditionellen Familie aufzuwachsen. Ich weiß, welche Vorteile das bringt. Vor allem die Familiengemeinschaft, wo der Ältere den Jüngeren erzieht, wo der eine für den anderen einsteht und so weiter. Ich habe gerne Familientreffen, wo man so ein bisschen auf diese Jugendzeit hinweist. Das war eine wunderbare Zeit."

Doch für allzuviel Nostalgie lässt ihm schon die Selbsterfahrung keinen Platz: „Ich muss aber auch sagen, dass ich Verständnis habe für diejenigen, die sich in der Ehe ab und zu schwer tun. Für mich war das nach 25 Jahren vollkommen unvorhergesehen. Ich habe überhaupt nie einen Streit gehabt. Und auf einmal ein Brief: Lieber Luis, ich wollte dir das schon lange einmal sagen, ich kann nicht mehr ... Ich kann mich noch gut erinnern, was nachher gekommen ist – vollkommen losgelost aus einer so langen Bindung. Aber ich habe mich gleich wieder zurechtgefunden." Die Flexibilität des Pragmatikers prägt nicht nur die politische Person. Doch erst das Wechselspiel zwischen den Fährnissen seines Privatlebens und den Anforderungen des gesellschaftlichen Wandels formt aus Durnwalder in familienpolitischen Belangen einen schwer auszurechnenden Geist – im Vergleich zu einer sonst doch dominanten konservativen Werthaltung: „Ich erlebe etwas total Neues in meiner heutigen Bindung. Da ist ja nicht nur die Lebensgefährtin, mit der ich ein super Verhältnis habe. Da ist die Stieftochter wie eine eigene Tochter. Und da ist jetzt die eigene Tochter. Das heißt: Ich habe alles das erlebt, womit immer mehr Paare zu tun haben. Und es verändert auch mich ein bisschen. Nicht in der Grundeinstellung, aber in der Wahrnehmung der Realität."

Die eigenen Wunden schaffen Verständnis für die Verletzungen der anderen: „Für mich war das früher so: Jemand Geschiedener, der ist selber schuld. Jemand, der ein Kind hat, ohne verheiratet zu sein: welche Schande! Das hat man früher gedacht. Heute sage ich, das muss jeder Mensch mit sich selber ausmachen. Seien wir froh, wenn wir Kinder haben, auch wenn jemand nicht verheiratet ist. Nur sollte man jedes Mal, wenn man Veränderungen vornimmt, nicht nur an sich selber, sondern vor allem an die Kinder denken. Schlimm ist es, wenn die Kinder da sind, lauter verschiedene Väter haben und sich nicht mehr zurechtfinden."

Letztlich wirken aber die frühen Kindheits- und Armutserfahrungen mindestens so prägend wie das neue Patchwork-Landesvater-Dasein. Laut Eigeneinschätzung ist er zwar „sehr, sehr aufgeschlossen, was Beruf und Familie anbelangt, was die Strukturen anbelangt, die wir bereitstellen müssen, die Familienförderung, die wir gewähren müssen." Doch das Kindeswohl steht dabei deutlich im Vordergrund. Von Gleichberechtigung, Emanzipation oder gar Feminismus spricht er kaum bis nicht, wenn es um die Frage der Frauen- und Familienpolitik geht: „Wir müssen heute wirklich in der Lage sein, bei jedem Kind die Talente zu erkennen, zu begleiten und zu fördern. Wir zu Hause haben das noch nicht machen können. Ich kann mich noch erinnern, wie meine Mutter geweint hat, weil wir mit der geflickten Hose ins Heim gehen mussten. Das ist zum Glück vorbei. Heute muss man die Familienförderung vor allem im Sinn der Kinder ernst nehmen."

Das First Baby, der Macho und der Landesfestzug

Den Grünen ist das alles zu altbacken. Sie begrüßen das *First Baby,* wie es der Internet-Dienst *Südtirol Online* nennt, mit Schelte für den politischen Gegner: „Unser Landes-Vater scheint noch nicht zu wissen, dass Kinder keine Neben- und Freizeitbeschäftigung darstellen, sondern ein Lebensauftrag für Mutter und Vater sind! Er wird keine Windeln wechseln? Er ist für die Ausfahrt mit Kinderwagen zu altvaterisch und ungeschickt? Welch selbstzufriedener Brustton eines unverbesserlichen Macho alter Prägung! Aber nicht nur: Denn Durnwalders Worte sind nicht eine vereinzelte Privatmeinung. Vielmehr bestärken die Aussagen des obersten Landes-Mannsbilds alle jene Männer, die an einem traditionellen Familien- und Männerbild festhalten: Der Mann bei der Arbeit, die Frau im Haus, keine Rede von gelebter und gerechter Partnerschaft." So lautet die Presseaussendung der grünen Funktionärinnen Brigitte Foppa, Gerda Gius und Ana Agolli drei Tage nach Gretas Geburt – kurz vor dem Höhepunkt des monumentalen Gedenkens an „200 Jahre Tiroler Freiheitskampf 1809". Beim nächsten großen Landesfestzug ist sie 25. Da ist der Vater sicher nicht mehr im Amt, aber vielleicht wieder dabei: „Ich hoffe vor allem, dass sie das erlebt und es auch richtig eingliedern kann, dass sie es nicht als politisches Instrument sieht, um sich abzusondern, sondern stolz ist, dass wir überhaupt diese Werte noch in uns haben: Tradition, Geschichte, Landesbewusstsein."

Vielen Beobachtern erscheint das schon 1984 und 2009 nicht mehr zeitgemäß. Doch Durnwalder glaubt an die identitätsstiftende Wirkung solcher Rückblicke sogar vorausschauend auf 2034: „Es sollte nicht derart geschehen, dass man jemandem schaden will, dass man jemanden hasst. Sondern dass man einfach sagt: Wir leben in diesem Europa, aber wir haben das als Kulturgut, Tradition und Geschichte. Als solches möchte ich es sehen. Es soll 2034 aber auch nicht darum gehen, schwarze Binden zu tragen oder Bundespräsident und Landeshauptleute nicht mehr zu grüßen, weil die sagen, wir leben in einem gemeinsamen Europa. Es geht um Respekt vor allen, ganz gleich, welche Sprache jemand spricht, welche Kultur jemand hat. Deswegen hoffe ich, dass meine Tochter das miterleben kann, stolz ist, Südtirolerin zu sein, stolz ist, Tirolerin zu sein, aber auch stolz ist, Europäerin zu sein."

Kapitel 8

Ein Dinosaurier der Gattung Landesvater

Die Fleisch gebliebene Antwort auf die moderne Medienkommunikation

Die Marke Ich, dieses moderne Pflichtprogramm aller Selbstvermarkter, ist bei Luis Durnwalder derart stark ausgeprägt, dass es im akademischen Lehrbetrieb als Vorbild herhalten könnte. Wie da einer seine Unverwechselbarkeit gestaltet, seine ganz persönliche *corporate identity* aufbaut, die *unique selling proposition,* das Alleinstellungsmerkmal pflegt. Säulen des betriebswirtschaftlichen Marketings, verwirklicht in einer Figur, die mit solchem Theorie-Sprech nicht nur nichts am Hut hat, sondern verschlossen wird, sobald es um die Ergründung des Höchstpersönlichen geht. Der Landeshauptmann trägt im Politischen das Herz oft auf den Lippen. Geht es um den Privaten dahinter, bemüht er als Beispiel ständig das Geschäft – auch wenn er Volksvertretung kaum als solches betrachtet und sich ohne entsprechende Berufung nicht so lange an ihrer Spitze hielte.

Das könnte daran liegen, dass er den Akademiker von Anfang an im Hintergrund versteckt hat. Denn Volksnähe ist keine generelle Stärke der Studierten in einem Land, wo sie zumindest in seiner Generation noch eine allzu rare Ausnahme bilden. Bis heute stören Durnwalder deshalb hierarchische Gefälle im Gespräch – gleichgültig ob berechtigt oder bloß oberflächlich: „Ich glaube, dass ich nie Schwierigkeiten habe, mit den Leuten zu reden. Außer denen, die so von oben herab sind, so hin und her, so versnobt – *sem mog i nit.* Ich mag die Leute, mit denen man auch ein Glaserl trinken kann und ein bisschen diskutieren. Aber nicht die, die meinen, sie sind wer und jetzt bitte das Tatzl küssen, *sem mog i nit.* Die, die meinen, sie sind drei Stufen höher, was sie vielleicht ja auch sind, aber das soll man nicht zu erkennen geben." Das ist keine Show, nicht bloß dahergesagt zum Besucher von *draußen.* Der Landeshauptmann ist auch wenn er Deutsch redet, vielsprachiger, als ihm manche aufgrund des dominierenden Dialekts zutrauen. Doch diese Varianten gleiten nie in jenes übermäßig bemüht Hochsprachliche ab, das ansonsten manch Provinzfürst pflegt, wenn er seinesgleichen Honoratioren begegnet.

Die richtige Sprache in beiden Sprachen

Durch dieses Talent zur quasi egalitären Kommunikation gelingt es ihm sogar, aus einer vermeintlichen Schwäche eine besondere Stärke zu formen. Spätestens als Landesrat lebt er auch in der italienischen Welt, muss sich in ihr mitunter auf ihre Weise artikulieren, um Erfolg zu haben, um die Zwitterrolle als römischer Provinzstatthalter und autonomer Landeshauptmann überzeugend auszufüllen: „Ich weiß noch, wie ich das erste Mal mit den Italienern verhandelt habe. Die Zusammenarbeit hat ja sonst immer der Magnago gemacht, und der hat perfekt Italienisch geredet. Aber sie haben ihn trotzdem sehr viel weniger verstanden als mich. Das haben sie mir auch ganz offiziell in Sitzungen gesagt: *Magnago perlato italiano perfetto per altraparte i sue italiano.* Das heißt: Ihr Italienisch verstehen wir. Weil sie gemerkt haben, dass ich auf Du und Du bin mit ihnen. Sie haben mich ja noch ausgepfiffen, als ich das erste Mal in die Bozner Industriezone gekommen bin – am 8. Dezember 1990, einem Feiertag bei uns: Unbefleckte Empfängnis. Doch dann haben sie mich immer wieder eingeladen. Denn da unten waren die Stahlwerke, die Magnesiumwerke, die Aluminiumwerke, und sie haben geglaubt, jetzt gehen noch 1.000 Arbeitsplätze verloren. Denn das sind ja fast nur Italiener gewesen. Doch dann haben sie gemerkt, dass ich mich auch für sie einsetze, nach Brüssel fahre, die Gründe vom Land aufkaufen lasse. Seitdem bin ich auch ihr *presidente.* Ich bin überzeugt, dass ich bei den letzten Wahlen mindestens 10.000 italienische Vorzugsstimmen gekriegt habe – und damit natürlich auch die Partei. Ohne diese Wähler hätten wir auch in Mandaten die absolute Mehrheit verloren."

Statt im Facebook jeden Abend bei den Leuten

Reden ist Silber, Handeln ist Gold. Durnwalder nutzt sein Talent durchaus im Sinne einer modernen politischen Kommunikation. Sein Facebook-Profil ist zwar eine Fälschung, wie mittlerweile groß bei dem entsprechenden Eintrag in diesem sozialen Internet-Netzwerk vermerkt ist. Er will sich auch nicht mehr zusätzlich über diesen Kanal vermitteln. Doch nach größeren Pressekonferenzen folgt längst nicht nur die Aussendung an die Medien – online abrufbar für jeden, sondern auch gleich ein Video mit dem Original-Ton des Landeshauptmanns für alle. Doch mehr Zugeständnis gibt es nicht an eine moderne Politik, die sich ausschließlich über Medien vermittelt. Er ist jeden Abend unterwegs, oft noch sehr spät bei den Leuten, die dann meistens schon ganz früh bei ihm sind. Politik zum Angreifen – durchaus in jedem Wortsinn. Südtirol als Sonderfall. Der Regierungschef relativiert. Er weiß, wie sehr das mit seiner Person verbunden ist: „Das ändert sich in den nächsten Jahren oder wenn ich weg bin, rapide. Dann werden sie alle mit den Computern und mit Facebook arbeiten, und nicht mehr nachts auf eine Versammlung gehen. Heute abend bin ich in Gufidaun, das ist keine besonders große Ortschaft. Und wenn ich nicht dort wäre, wäre ich in Feldthurns oder sonst wo. Das ist alles auf mich zugeschnitten. Ein anderer geht nicht mehr raus. Aber ich kann nicht mit den Instrumenten arbeiten, mit denen das heute die Jugend macht. Der Stil, den ich heute habe, wird morgen nicht mehr akzeptiert."

Heute schon noch. Sonst stünden sie nicht an beim *Luis*, wie viele Deutschsprachige ihn unter sich auch deshalb nennen, weil sie nicht zugeben wollen, dass sie eventuell nicht mit dem Landeshauptmann per Du sein könnten, den die Italienischsprachigen als *Durni* durchaus nostrifiziert haben. Die Nachhaltigkeit dieser namentlichen Vereinnahmung entsteht aber nicht durch jenes Reden, mit dem sprichwörtlich die Leute zusammenkommen, sondern durch die Fähigkeit, die Politik aus dem Elfenbeinturm der hoch komplizierten Probleme und schwer verständlichen Entscheidungen zu holen: „Ich bin sehr praxisnah. Wenn ich heute einen Beschluss fasse, sehe ich nie den Beschluss, ich sehe seinen Inhalt umgewandelt in die Praxis. Was da jemand draus machen kann, wie er das aufnehmen kann, wie man da jemandem helfen kann. Ich sehe auch schon, welche Schwierigkeiten damit verbunden sein können. Und das hilft mir immer wieder, nicht an der Realität vorbei zu politisieren." Ein Dinosaurier der Regionalpolitik. Der Letzte seiner Art.

Im Sommer ist er in Pfalzen. *Dahoam is dahoam.* Aber privat ist nicht privat. Zur traditionellen Sommer-Pressekonferenz lädt er vor sein Haus. Lebensgefährtin Angelika Pircher und Tochter Greta sind wie selbstverständlich Teile der Szenerie, die in ein öffentliches Video einfließt. Der Landesbauer hält hof. Daheim ab 1. August. Ansonsten bleibt der Pustertaler aber oft in der Hauptstadt oder fährt in den Vinschgau. „Die Lebensgefährtin hat dort auch einen Bauernhof. Also bin ich dann oft in Naturns oder in Algund, wo sie eine Liegenschaft besitzt. Aber meistens lebe ich in Bozen. Wenn du um Mitternacht von Terminen heimkommst, magst nirgends mehr hinfahren. Daheim bin ich ja ohnehin immer nur ein paar Stunden in der Nacht. Aber so lange es einem gefällt ..."

Selbst ist der Mann, und selbst ist die Frau

Er wirkt kämpferisch, leidenschaftlich und energiegeladen wie eh und je. Kenner des Pusterers sagen, nur wenn es ihm persönlich nicht gut gehe, nehme er ab. Die Kraft schöpft er also aus dem Privaten, und im Sommer 2011, seine Tochter ist gerade zwei, steht er voll im Saft: „Ja, weil ich glücklich und zufrieden bin. Ich werde nie hergehen und einem anderen die Schuld geben, wenn es mir schlecht geht. Ich bin immer selber schuld, entweder direkt oder indirekt. Und ich bin immer froh, wenn ich jemandem helfen kann, wenn ich irgendetwas Neues machen kann und das eine oder andere aufgreifen kann. Ich bin auch ein positiv denkender Mensch. Ich laufe nie herum und bemitleide mich, sondern denke: Selbst ist der Mann und selbst ist die Frau.“ Da definiert einer so bodenständig wie nur möglich das politische Modewort von der Eigenverantwortung, weiß aber auch um die Glücksfälle in seinem Leben. Robust charakterisiert zu wenig die Konstitution des Bergbauernsprösslings, der sich auch selbst im Besitz einer Rossnatur sieht: „Mit meiner Gesundheit bin ich total zufrieden. Ich habe vor vierzehn Tagen ein Blutbild machen lassen. Da war kein einziger roter Punkt drin.“ Dabei hilft er seiner körperlichen Gesamtverfassung kein bisschen in jener Weise nach, durch die der Zeitgeist vom Sportgerät bis zum Fitnesscenter erfolgreiche Geschäftsmodelle ermöglicht. Bewusste und zur Schau gestellte Leibesübungen kommen längst nicht mehr vor in seiner Biografie. Allfällige Dokumente seiner verwandelten Fußball-Strafstöße stammen noch aus der Ära des Landesrats. Heute sagt er: „Nein, ich betreibe überhaupt keinen Sport. Ich bin aber ein Jäger, und zwar ein überzeugter. Ich geh also immer wieder ein bisschen in die Natur. Aber sonst bin ich keiner, der tagtäglich radelt, tagtäglich läuft oder so etwas. Aber ich gehe natürlich in der Früh zu Fuß ins Büro und ich nehme aus Grundsatz keinen Aufzug, da gehe ich lieber über die Treppe.“ Da gibt es auch keine Einschränkung in Bezug auf die Zahl der Stockwerke: „So hoch sind die Häuser nicht. Ich habe vielleicht zehnmal in zwanzig Jahren den Lift verwendet.“

Karriere: Bauernbunddirektor, Bürgermeister, Landtagsabgeordneter, Landesrat.

Gedankensplitter 4

Tritt zurück vom Rücktritt

Gedächtnisnotizen und weitere Gedanken zu einem Interview vom 6. Juni 2011

57 Prozent wollen, dass er noch mal antritt. 41 Prozent sind dagegen. Aber 20 Prozent haben keine Ahnung, wer den Job sonst machen soll. Er kommt gerade aus dem Parteivorstand. Von dort hat er die Information aber sicher nicht. Ist wohl bloß ein kleiner Test für den Gesprächspartner. Ob er dicht hält. Oder es gleich weitermailt. Die Versuchung des Smartphones wirkt groß, die Rückfragewahrscheinlichkeit gering. Auftraggeber, Fragestellung, Fallzahl, Schwankungsbreite, durchführendes Institut ... Wen interessiert das schon? „In der SVP kursiert eine Umfrage, laut der ..." könnte unter der Schlagzeile „Durnwalder soll weiter machen" stehen. In der Konkurrenz hieße der Titel dann: „Mehr Luis. Nein danke!" Aber so stellt sich das sicher bloß einer von *draußen* vor. *Drinnen* – in Südtirol – läuft das ganz anders.

Diesmal sind wir allein. Unter großem Zeitdruck. Vorn fehlt eine Viertel-, hinten eine halbe Stunde. Keine Zeit für Atmosphärisches. Das Aufnahmegerät ist hungrig. Doch nach Vermächtnis klingt das nicht, was er fünf Dekaden nach jener Feuernacht erzählt, in der er gerade 19 war. Ein halbes Jahrhundert später reißen sie sich um Interviews mit ihm, dem Mister Autonomie. Auch Mister Südtirol? Den Anspruch muss er immer noch teilen mit Silvius Magnago, der die Grundlagen schuf, auf denen Luis Durnwalder aufbaut.

Bei jedem großen Jahrtag ist er wieder da, der lange Schatten des klapprig-spröden, so offensichtlich intellektuellen Vorgängers, der mehr noch die Geschichtsbücher beherrscht als die virile Tatkraft des promovierten Bergbauernsohnes. Der Archetypus des Juristen kontra den Prototypen des Agrarökonomen.

Magnago ist erst mit 75 abgetreten und wurde 96. Er war 28 Jahre Landeshauptmann. Durnwalder ist bei der nächsten Wahl 2013 gerade 72 und dann 24 Jahre im Amt. Ein Schelm, wer weiter dabei denkt? Ein Urnengang mehr, und er ist 77, mit 29 Funktionsjahren alleiniger Rekordhalter und kann sich immer noch einer neunjährigen Tochter widmen. Vater-Verantwortung im besten Opa-Alter? Moderne Zeiten. Der Landeshauptmann lebt sie vor.

Kapitel 9

Der Misserfolg hat keinen Vater

Leistungsschau mit Schönheitsfehlern – Statt Niederlagen kennt er nur Enttäuschungen

Das N-Wort mag er nicht. Das kommt ihm nicht über die Lippen. Niederlage? Zumindest im Interview-Sprachschatz von Luis Durnwalder fehlt diese Formulierung. Jedenfalls für eine Bewertung des eigenen Tuns. Also das M-Wort. Doch das mag er auch nicht. Geschickt umschifft er den Ausdruck Misserfolg, wenn exakt nach einem solchen gefragt wird. „Enttäuschung" ist das tiefste Negativ-Gefühl, das er sich entlocken lässt. Ansonsten schaut er bloß irritiert, wenn jemand allfällige Dellen in seinem politischen Lebenslauf erkundet. Die privaten sind offensichtlich – und privat. Doch in Umkehrung von Otto Grünmandls versponnenem Kabarettprogramm lässt Luis Durnwalder sich wohl eher gefallen: „Privat bin ich vielleicht ein Trottel, aber politisch kenn' ich mich aus."

Kommt gar die Frage, was ihn denn verletzt, wann ihm etwas weh getan hat, verhüllt sich plötzlich der Blick. Als schaue da einer nach innen. Doch er trägt es nicht nach außen, wiegelt ab, spielt herunter, vermeidet jeden Anschein des Schwächelns: „Sagen wir, es ist so, dass mir vieles zu wenig schnell gegangen ist." Die vielleicht wenig tugendhafte, aber das Umfeld beständig unter Druck setzende Stärke der Ungeduld muss da als Schwäche herhalten. Wahre Sündenfälle sehen anders aus. Da wird kein großes Ding benannt, der Mann entwischt umgehend ins Detail, wo er mit Sachkenntnis und Gedächtnis selbst im Unangenehmen punkten kann. Er dürfte ein schwieriger Verhandlungsgegner sein, ohne intensives vorheriges Aktenstudium wohl nicht einmal auf ein Remis zu bringen.

Unreife Zeit und weites Vorstellungsvermögen

So präsentiert er statt einer amtszeitbedingt langen Liste der Irrtümer und Fehlleistungen trotz aller Wenn und Aber eine Leistungsschau mit Schönheitsfehlern: „Manches ist auch nicht so gegangen, wie wir uns das vorgestellt haben. Zum Beispiel wie wir damals die Vives aufgebaut haben: Da war die Zeit nicht reif. Ursprünglich hat man geglaubt, da gäbe es einen Bedarf der Verbände. Das haben wir dann ja auch unterstützt. Zunächst hat es dann recht gut ausgeschaut, später hat man es umfunktioniert. Jedenfalls hat das Projekt nicht so funktioniert, wie es vorgesehen war. Aber man ist mit einem blauen Auge davongekommen."

Vom Konkreten in der Stadt braucht es gerade einen Satz bis zum Prinzipiellen für Staat und Land: „Auch mit verschiedenen Durchführungsbestimmungen auf römischer Ebene bin ich nicht ganz zufrieden. Da hätten wir gern noch mehr und unkompliziertere Zuständigkeiten bekommen. Aber das ist oft so, wenn man in der Politik verhandelt: Man kriegt nicht immer alles, was man sich so vorstellt." Es folgt eine kurze rhetorische Pause, in der ihm die Bauernschläue offensiver als sonst aus den Augen funkelt und dann der schmunzelnde Abschluss: „Weil Vorstellungsvermögen haben wir ein sehr weites."

Wo ein Großprojekt, dort auch Protest

Die anderen mitunter ebenfalls und zuweilen ein ganz anderes. Der Widerstand gegen jedes Großprojekt wächst auch in Südtirol. Wo gebaut wird, gibt es Protest. Doch die Zeit heilt alle Gegner. So sieht das zumindest der Landeshauptmann, wenn es um die in Beton gegossenen Denkmäler der Regierenden geht: „Es hat natürlich sehr viel

Kritik gegeben an den sogenannten Großprojekten. Zuerst war es die Mebo. Heute sind sie alle stolz, dass wir die Mebo gebaut haben. Dann gab es den großen Wirbel um den Sicherheitspark. Da werden die Leute auch noch sehr froh sein, dass wir ihn gemacht haben. Denn dort können zum Beispiel alle, die einen neuen Führerschein haben, etwas für ihre Sicherheit tun. Der Flughafen war ebenfalls ein großes Thema. Ich bin ja auch froh, dass wir ihn gebaut haben. Wir haben aber den Fehler gemacht, ihn nicht gleich so zu bauen, dass später kein Streit entstehen kann. 400 Meter Verlängerungspiste – mehr kann man nicht tun, weil dort der Berg ist."

Wenn schon keine Niederlage und kein Misserfolg: Da muss es doch auch Enttäuschungen geben, die so groß sind, dass einer alles hinwerfen will, weil er längst genug getan hat. Dies gesteht Durnwalder durchaus zu, bleibt aber allgemein: „Das gibt es immer wieder. Wenn du von sechs in der Früh bis Mitternacht arbeitest und dann die Leserbriefe liest und merkst: Sie sehen es nicht ein, obwohl es jeder kapieren müsste." Aber dafür muss es doch auch ein konkretes Beispiel geben. Erst nach erneutem Nachbohren wird der Landeshauptmann konkret: „Als ich oben beim Basistunnel gewesen bin, haben alle gepfiffen. Aber sie wollen weg von der Straße und hin auf die Schiene. Wenn ich aber die Schiene machen will, dann sagen sie, die alte Schiene. Ja, die alte Schiene geht durch alle Dörfer durch. Da möchten sie einerseits den Lokalverkehr raus haben und andererseits alle halbe Stunde einen Zug. Und das soll zugleich ein internationaler Zug sein und Waren transportieren. Doch wenn du das so sagst, kommt es nicht an. Dann heißt es: Wir brauchen keinen Brennerbasistunnel. Natürlich sind das nicht mehr als fünf Prozent, aber diese fünf Prozent sind laut. Das ist nicht angenehm, wenn du da hingehen musst, und sie pfeifen dich bloß aus."

Brennerbasistunnel ohne Alternative

Wie sein Amtskollege Günther Platter in Innsbruck sieht auch der Südtiroler Regierungschef keine Alternative zum insgesamt mehr als 20 Milliarden Euro teuren, größten Infrastrukturprojekt der Europäischen Union: „Es sei denn, wir ändern komplett unser Reiseverhalten, bleiben mehr daheim, essen mehr einheimische Sachen. Doch wenn wir weiter Bananen und all das andere von auswärts haben wollen, dann müssen wir das auch irgendwie hereinbringen."

Die Realität des Schienenverkehrs entlockt Durnwalder allerdings wenig Begeisterung: „Da fehlt es noch am Hausverstand. Das beginnt mit den unterschiedlichen Spannungen für die Lokomotiven, sodass der Zug am Brenner nicht einfach weiterfahren kann. Und das endet damit, dass innerhalb der EU das Personal immer noch nicht so geschult wird, dass es mit dem Zug wechseln und an den Zielort fahren kann. Da ist noch eine ganze Menge zu tun. Trotzdem bin ich überzeugt, dass wir keine Alternative zum Brennerbasistunnel haben. Man sagt zwar: Über die Schweiz. Doch das ist ein Mehrweg. Man sollte von Norden nach Süden den kürzesten Weg wählen und die Tarife so vereinheitlichen, dass es sich wirklich nicht lohnt, einen Umweg zu machen."

So verkehrt kann der Verkehr gar nicht sein, dass ihm Durnwalder nicht noch positive Seiten abgewinnen könnte. Da wirkt er wie die logische Fortsetzung von Eduard Wallnöfer, unter dem die Inntal- und Brennerautobahn den Tourismus explodieren ließen – und die Gegnerschaft der Anrainer weckten. Ab in den Süden! Die Durchfahrtproteste im Eisacktal wirken wie ein laues Lüfterl gegen die heftigen Transitblockaden im Wipptal.

Durnwalder weiß sich in seiner Förderung des Verkehrs dabei letztlich eins sogar mit den Paradekritikern im Land. Reinhold Messner, einst Promi-Grüner in Brüssel, dann doch lieber Multi-Schlossherr in der Heimat, erklärt schon 2009 in einem Interview für das Projekt Ecoregio: „Ich sehe nicht ein, warum wir unser Flair verschenken sollen, indem man den Personenverkehr – wie auch immer – unter einem Berg durchjagt. Dann wird Tirol – Nordtirol, Südtirol und das Trentino – ein schwarzes Loch, ist nicht mehr existent. Als ich vorgeschlagen habe, die Brennerautobahn zu einer Sightseeing-Straße für Touristen zu machen, wurde ich von den Grünen in der Luft zerrissen.

Aber das ist die Lösung. Dann habe ich die Touristen, die durch das Land fahren, als Besucher angesprochen.“ In Südtirol fehlt ein Gegenpol, wie es Fritz Gurgiser auf der anderen Seite des Brenners ist.

Dr. Saulus wird zum Uni-Paulus

Aber es fehlt keine Universität mehr – obwohl der Herr Doktor Landeshauptmann selbst sich lange dagegen gesträubt hat: „Ich habe auch den Mut, ausgepfiffen zu werden. Weil ich war ja ein glühender Gegner einer Universität Bozen. Damals als junger Assessor beim Bruno Kessler in Trient. Der war als Präsident der Provinz mit dem Magnago einer der Väter des Pakets. Und der hat auch eine Universität machen wollen für Trient und Bozen gemeinsam. Da war ich dagegen. Und ich war auch später als Landeshauptmann noch ein Gegner. Weil ich gesagt habe, wir brauchen keine Universität, wir haben die Eurak, wo wir internationale Tagungen und Fortbildungen machen können. Wir können auch eventuell einen Master machen, postgraduale, also nachuniversitäre Einrichtungen und so weiter. Wir haben in Trient eine Universität und wir haben in Innsbruck die Landesuniversität. Nur, sobald die ganzen Zuständigkeiten gekommen sind, hat man einfach gesehen, Universität ist halt nicht mehr einfach nur eine Eliteausbildung. Heute musst du das einfach im Land haben. Du musst Einrichtungen für die Allgemeinbildung und die Spezialausbildung haben. In Österreich haben alle Bundesländer eine Universität. Also haben wir gesagt, das brauchen wir einfach.“

Durnwalder kehrt in diesem Fall ausgerechnet jenes Vorarlberg unter den Tisch, in dem sein Sohn lebt und woher die Mutter Magnagos stammt (die Schwester des Landeshauptmanns Ferdinand Redler). Dort gibt es bis heute nur eine Fachhochschule, scheinen die Vorurteile gegen eine eigene Universität unausrottbar („Die solle lieber schaffe gehe“) und ist die erste akademische Anlaufstelle weiterhin Innsbruck. Als entsprechend schwierig schildert Durnwalder weniger seine Bekehrung zur dann 1997 gegründeten Universitas Studiorum Bauzanensis, sondern die Vermittlung dieses Sinneswandels an seine Stammwähler:

„Ich bin ja selbst nur sehr langsam dazu gekommen. Als wir das erste Mal im Parteiausschuss darüber geredet habe, waren nicht mehr als zehn dafür – aber die Gegner waren sehr stark. Und zum Schluss hatten wir einen einzigen, der sich der Stimme enthalten hat. Das heißt, das war eine Metamorphose, eine Umwandlung vom Saulus zum Paulus, wo ich dann schon auch kräftig aufs Dach gekriegt habe. Wenn ich zu den Versammlungen rausgegangen bin, haben sie mir oft gesagt, dass ich jetzt nicht übermütig werden soll. Wer soll denn das bezahlen? Wozu brauchen wir denn das? Dann haben wir nur noch Studierte, und wer macht die Arbeit? Man hat das nicht eingesehen. Heutzutage sagen alle, Universität ist in Ordnung."

Kampf um die klügsten heimatlichen Köpfe

Das hat auch mit der De-Facto-Vollbeschäftigung zu tun, an der viele Familien genau dann zu zweifeln beginnen, wenn die Kinder nach dem akademischen Abschluss am Studienort bleiben. Da wirkt auch das Trauma der Option mit den bis heute zwischen Italien und Österreich separierten Sippen nach. Wegziehen hat in Südtirol für die Dableiber einen noch schmerzlicheren Beigeschmack als in anderen Regionen. Durnwalder sieht das rückblickend durchaus selbstkritisch: „Ja, 2,6 Prozent Arbeitslosigkeit ist Vollbeschäftigung. Aber wir hätten es auf höherer Ebene machen sollen. Uns wandern zu viele junge Magister und Doktoren ab. Wir verlieren ungefähr 20 Prozent der Jungakademiker. Wir hätten viele junge Leute wieder zurückgekriegt, wenn die Universität nur ein bisschen früher entstanden wäre. Mit mehr Investitionen für Forschung und Entwicklung hätten wir vielleicht auch Betriebe mit einem höheren Niveau her bekommen. Als Anziehungspunkt vor allem für unsere jungen Akademiker, die auswärts studieren mussten. Da waren wir zu langsam. Auch mit den Schulen. Aber wir haben in beiden Bereichen in letzter Zeit ein bisschen aufgeholt."

Nicht nur das. Zwar eingestanden mühselig, aber letztlich umso mehr überzeugt vom Konzept der drei Europaregions-Universitäten Innsbruck, Trient und Bozen, sucht Durnwalder die ihm wesenstypische Anbindung an die Praxis: „Wir reden bereits über eine grenzüberschreitende Fakultät im Bereich der Medizin. Das ist nicht so leicht, aber den Versuch auf jeden Fall wert. Das wäre total etwas Neues, wenn man so was schaffen könnte. Die Innovation läge darin, dass wir unsere Krankenhäuser einbringen könnten. Die sind teilweise recht gut ausgebaut. Dann müssten auch gewisse Krankenhäuser in Nordtirol nicht vergrößert werden – nur um dort Übungsräume für die Spezialisierung unserer Ärzte zu schaffen. Vielleicht könnten wir dann sogar bei der ärztlichen Grundversorgung des ländlichen Raumes etwas Gemeinsames schaffen: die Ausbildung usw. Denn die Grundärzte haben in Zukunft eine wesentlich größere Aufgabe zu erfüllen als heute. In diesem Bereich lässt sich noch einiges tun."

Der ehrliche Mensch und überzeugte Tiroler

L'art pour l'art, auch Forschung nur der Wissenschaft wegen sind nicht Sache des Pragmatikers, der an den Universitäten Innsbruck, Wien und Florenz Agrar- und Rechtswissenschaften studiert hat. Bei ihm geht's immer um den bodenständigen Nutzen aller geistiger Auseinandersetzung: „Auch was Alternativenergie angeht, was die Forschung und Entwicklung an der Universität angeht, ist es wichtig, dass die in Innsbruck, die in Trient und die in Bozen nicht alle das Gleiche machen. Da sollten wir uns schon jedes Jahr einmal alle zusammensetzen, Programme entwickeln und sagen: Was könnt ihr? Was können wir? Wir haben zum Beispiel vor kurzem beschlossen, dass wir mit zwei Millionen Euro Programme von der Universität Innsbruck finanzieren. Denn es ist uns ganz wurscht, ob das dort gemacht wird oder ob das von der Universität Innsbruck bei uns gemacht wird."

Aber es ist ihm nicht ganz wurscht, was sie diesem Landeshauptmann einmal nachsagen sollen. Da hat er klare Präferenzen und ist plötzlich überhaupt nicht mehr detailverliebt, praxisnah und konkret, wie es ihm sonst als Stärkeprofil attestiert wird, sondern formuliert den Wunsch nach der guten Nachrede *en gros*: „Dass er ein ehrlicher Mensch war, dass er vor allem ein überzeugter Tiroler war, dass er versucht hat, zu arbeiten für das Land und – dass ihm auch einiges gelungen ist."

Oben: Vaterglück: Mit Tochter Greta Anfang August 2009 im Meraner Krankenhaus.

Unten: Patchwork-Familie: Mit Angelika Pircher sowie Maria Lamprecht und Hannes Durnwalder mit ihrer Halbschwester Greta.

Oben: Vater weiß Bescheid: Greta holt sich Reittipps vom Bergbauernsohn.

Unten: Noch im Anzug: Wiedersehensfreude bei Greta, wenn der Vater einmal früher heimkommt.

Seltene Momente: Familienleben im Sommer 2011.

Südtiroler Speckgipfel: Mit Gustav Thöni, Franz Senfter und Reinhold Messner.

Kapitel 10

Wenn der Bauer weicht, dann plötzlich

Nachfolgespekulationen oder die sechste Amtsperiode nach 2013

„Durnwalder hält sich für neuerliche Kandidatur Hintertür weit offen." So lautet die Schlagzeile von *tt.com,* dem Online-Dienst der *Tiroler Tageszeitung,* nach der Sommerpressekonferenz des Landeshauptmanns am 11. August 2011 in Pfalzen. Dort präsentiert er zwar eine Vielzahl weiterer Ziele, von Forschung und Entwicklung über Integrations-, Raumordnungs- und Wahlgesetze bis zu den Ortsbezeichnungen, doch Namen sind Nachrichten – und zwar jene von Menschen. Also interessiert immer noch am meisten, wie lange er noch bleibt, wie lange er die Partei weiter zappeln lässt, ob er nicht doch ein weiteres Mal antreten wird.

Dieses Frage-Antwort-Spiel durchzieht auch alle Interviews für dieses Buch, ohne dass der Betroffene sich eindeutig erklärt: „Ich habe der Partei schon gesagt, sie können einen Nachfolger suchen. Die werden schon nach einem schauen. Doch weil ich heute gleich aktiv bin wie vor zwanzig Jahren, glauben mir viele nicht. Sie sagen, dann täte er sich das nicht mehr an. Das bringt ihm ja nichts. Aber wenn du dich festlegst und einen Rücktrittstermin nennst, verlierst du automatisch an Gewicht. Du kannst dann die Programme, die du noch hast, kaum noch durchführen, weil jeder schon an deinen Nachfolger denkt. Wenn du sagst, du bist nur noch bis dann und dann Landeshauptmann, dann bist du entblößt. Und mit einem Nackten zeigt sich keiner gern."

44 Jahre in der Politik sind eigentlich genug

Er ist sehr angezogen, als er das sagt. Nicht einmal die modische Form der Krawattenlosigkeit gönnt er sich. Nur das Jackett muss einmal weichen, als es zu heiß wird in seinem Büro im Landhaus. Das liegt allerdings nicht an der Frage, ob er denn unter allen Umständen eine weitere Kandidatur 2013 ausschließe. Dieses Nachbohren ist er in seiner fünften Amtsperiode längst gewohnt – und begegnet ihm in Varianten auf die immer gleiche Art: „Wenn da irgendetwas Unvorhergesehenes kommt, sodass die Partei sagt: ‚Wenigstens antreten musst du noch einmal mal. Und nachher werden wir schon sehen, wie es weitergeht.' Dann denke ich schon nach. Aber ich denke auch an anderes: Ich bin jetzt seit 1967 in der Politik. Zuerst im Bauernbund, dann als Bürgermeister und seit 1973 im Landtag. 44 Jahre. Das ist eigentlich genug." Doch er schließt zumindest für eine Übergangszeit nicht aus, dass er es noch einmal machen könnte – natürlich zu seinen Bedingungen: „Ich würde sicher nicht mehr die Kompetenzen nehmen, die ich jetzt habe und würde wahrscheinlich schon sagen: Schaut, jetzt machen wir gemeinsam die Wahlen und danach werden wir sehen, wie es geht."

Unabhängig davon hat Luis Durnwalder für jenen Nachfolger, der bisher nicht in Sicht ist, schon einige Ratschläge parat: „Ich würde ihm sagen: Mach ja keine Frühsprechstunden. Ich habe das vor zwanzig Jahren eingeführt und muss sie machen. Wenn ich sie nicht mehr mache, dann fragen sie: Welchen Krebs hat er denn? Oder sie sagen: Jetzt packt er es nicht mehr. Ich würde ihm auch sagen: Mach ja nicht den Fehler, wie einzelne es heute tun, die mir nachfolgen möchten, mich in meiner Art nachzuahmen. Ich hätte ja auch nie den Magnago nachahmen können. Wenn ich einen Vortrag halten würde, wie er es gemacht hat, dann pfeifen sie mich aus. Wenn er fünfmal das Gleiche gesagt hat, war das bei ihm witzig und vielleicht auch rhetorisch richtig. Bei mir würde es lächerlich wirken."

Wer Landeshauptmann studiert, wird es nicht

Das Spiel um seine Nachfolge schmeichelt ihm. Also kokettiert Luis Durnwalder. Wenn er erzählt, manche meinten ja, mit siebzig solle einer langsam gehen. Dabei wirkt er weder langsam, noch geht er, sondern wirkt wie einer, der noch viel vor hat. Und sei es nur die Bestimmung seines Nachfolgers, auf dass es kein Überraschungskandidat werde, wie er selbst es war. Der gevifte Watter lässt sich auch in dieser Runde nicht in die Karten schauen. Obwohl – anders als Magnago ist er ein Bauer und bekennt sich dazu.

Ein guter Bauer bestellt das Feld, kennt seinen Nachfolger und übergibt den Hof, wann es Zeit ist: „Ich sage sicherlich nicht: Hinter mir die Sintflut. Sondern ich habe selbstverständlich meine Präferenzen. Aber die Suche nach einem Nachfolger ist vor allem eine Aufgabe der Partei. Zum gegebenen Zeitpunkt werde ich versuchen, mich in den Parteigremien einzubringen. Würde ich heute schon sagen, den oder den hätte ich gerne, dann bin ich davon überzeugt, es wäre sofort eine Opposition da, die erklärt: Das kann nicht er bestimmen, das werden schon wir sagen. Wenn ich jetzt jemand nenne, helfe ich ihm nicht, sondern schade ihm. Es war ja auch zu meiner Zeit schon so, dass es diejenigen, die ins Gespräch gekommen sind, alle nicht geworden sind. Und da gilt auch heute noch: Diejenigen, die Landeshauptmann studieren, werden es nicht. Ich kenne einige Kollegen, die haben Landeshauptmann studiert."

Ein Junger geht, »der Alte« bleibt – noch

Also spricht Luis Durnwalder am 13. April 2011 – der Tag, an dem in Österreich Josef Pröll das Handtuch wirft und als Bundesobmann der Volkspartei zurücktritt. Gesundheitliche Gründe sind dafür mit ausschlaggebend Das sollte den 27 Jahre älteren Kollegen in Bozen doch auch nachdenklich stimmen. Er wird ja wohl auch Phasen haben, wo er lieber das Privatleben genießt. Nicht mehr öffentliche Person zu sein, wäre doch mitunter auch ganz nett. Er wirkt ja nicht unbedingt wie einer, der nicht gern gut und gerne und intensiv lebt

– der Durnwalder: „Dem jungen Pröll habe ich gerade einen Brief geschrieben, in dem ich ihm danke und sage, dass es für mich zwar unverständlich ist, aber er wird schon wissen, warum. Aber ich habe dagegen das Glück gehabt, dass ich in die richtige Zeit hineingekommen bin und wirklich viel gestalten und erreichen konnte. Das Paket ist ja unter mir abgeschlossen worden. Und wir haben ja nachher noch einen Haufen an Zuständigkeiten dazu bekommen. Ich hätte auch nie gedacht, dass ich Präsident der Region werde. Ich war ja ein ganz großer Gegner der Region und immer für die Abschaffung. Jetzt bin ich schon zweimal Präsident und zweimal Vizepräsident dieser Region. Ich hatte also schon auch viel Glück. Das wird jeden Menschen irgendwie mit Freude erfüllen, und da arbeitet man dann gerne weiter."

Es geht ums Lebenswerk, soviel ist klar. Da will einer unverrückbar seinen Platz in den Geschichtsbüchern. Der Mann steht nach wie vor im Wettbewerb. Nicht in Südtirol heute, sondern gegen ein Phantom der Vergangenheit und gegen das Schicksal der Vergänglichkeit. Da mag er noch so sehr in die Zukunft orientiert sein, Durnwalders Lebensmensch ist ein Toter. Kaum noch beim jungen Pröll, ist er schon wieder beim alten Magnago: „Der hat natürlich die Grundlage gelegt für die Autonomie. Aber die Umsetzung hat nicht er gemacht, denn er war kein großer Verwalter. Der hat nie gewusst, welche Straßen dem Land gehören oder welchen Haushalt wir haben oder sonst irgendetwas. Das hat ihn auch nicht besonders interessiert. Aber mich. Das war meine Aufgabe. Das habe ich gemacht. Dafür werde ich in meiner Art sicher nicht den Nobelpreis für Demokratie kriegen. Aber ich habe, als umsichtiger Bauer, den Hof recht gut bestellt. Und jetzt bin ich noch nicht müde, überhaupt nicht müde, im Gegenteil. Aus meiner Sicht habe ich heute vielleicht sogar mehr Energie als vor zwanzig Jahren. Und auch noch Angriffslust und Aufbruchstimmung. Doch ich habe nach meiner Studienzeit einmal Mathematik unterrichtet, kann also auch rechnen und weiß, was die Zahlen bedeuten. Wenn auch die Ärzte Künstler sind: In zehn Jahren bin ich achtzig. Und ich bin zwar gläubig, Christ und Katholik, aber nicht so gläubig, dass ich nicht ein bisschen vom Paradies auf dieser Welt haben will. Und ich glaube, noch kann ich es genießen. Wenn ich weitere fünf Jahre bleibe und dann hinausgehe, weiß ich nicht, ob ich es noch genießen kann."

Mit 77 Jahren fängt das Leben nicht mehr an

Die Widersprüchlichkeit ist ihm bewusst. Ausgestattet mit dem Selbstvertrauen, immer noch oder mehr den je alles niederreißen zu können, aber auch mit dem Wissen, wie endlich die politischen Vollblüter à la Franz Josef Strauß sein können. Und genau in dieser Liga fühlt er sich daheim, steigt aber nicht ein auf das Zahlenspiel mit der 77, was ja auch ein schönes Alter für den Abgang wäre. 2018, vor der übernächsten Landtagswahl, wäre er dann ein Jahr länger im Amt als Magnago, der bei seinem Rücktritt 75 war – und dann noch 21 Jahre gelebt hat. „Ja, 77, ist eine schöne Zahl. Aber wenn man die Lippen nicht mehr richtig bewegen kann, weil sie nicht mehr folgen, und vielleicht die Füße nicht mehr folgen, dann ist es kein schönes Alter, um abzutreten. Heute kann ich ohne Brille lesen und ohne Hörapparat hören. Außerdem habe ich eine Tochter mit zwei Jahren und eine junge Frau. Wenn ich jetzt gehe, ist vielleicht der eine oder andere noch mit mir und nicht nur mit dem Landeshauptmann befreundet – und mag mich auch dann noch, wenn ich aus der Politik aussteige. Wenn du zu lange bleibst, kann es sein, dass du auch die letzten Freunde verlierst. Denn neunzig Prozent von denen, die da so reinkommen, sind nicht mit dir, sondern mit deinem Amt befreundet, weil sie meinen, du kannst ihnen da oder dort ein bisschen helfen. Solange du es selbst entscheiden kannst, hast du vielleicht noch Freunde. Hingegen wenn du abtreten musst, dann verlierst du auch die Freunde, die vorher für dich eingetreten sind. Wenn du vorher hundert wert warst, tun sie ja keinen Nuller weg, sondern sie tun den Einser weg."

Einer, der sagt, er sei kein Kandidat zum Nobelpreis für Demokratie, schafft sich allein schon durch sein autoritäres Verhalten nicht nur Freunde. Fürst Luis, der Erste, wahrscheinlich auch der Letzte, ist zumindest hinter vorgehaltener Hand eine durchaus gängige Beschreibung von Durnwalders Führungsstil: „Das liegt einfach an meiner Einstellung, an meiner Art. Wir reden und diskutieren sehr viel. Das gilt nicht nur für die Regierungssitzung. Ich bin oft bei den Leuten draußen, und sie kommen in der Früh zu mir. Dreißig waren es heute wieder. Da hörst du die Realität, da bringen sie ihre Erfahrungen mit. Ich rede auch mit den einzelnen Verbänden, mit den Parteigremien usw. Aber dann muss es auch einmal genug sein. Man darf nicht alles zerreden. Mit der Zeit muss man entscheiden. Entscheiden bringt nicht immer einen Vorteil, sondern bedeutet Verantwortung. Wenn ich nicht entscheide, geht es meistens nur eine Zeitlang gut. Man muss auch den Mut zum Fehler haben."

Wenn die Partei keinen Besseren findet

Das Credo klingt nicht wie von einem, der bald gehen möchte. Durnwalder lacht – und erinnert allfällige Nachfolgeaspiranten daran, wie er selbst ins Amt kam. Zumindest stellt er es heute, fast ein Vierteljahrhundert später so dar. Denn Legenden webt man immer noch am besten selbst: „Ich war nie der Wunschkandidat von Magnago. Er hat mich nicht erwartet, und ich mich ja auch nicht. Kein Mensch hat das gedacht. Aber ich war zur richtigen Zeit am richtigen Ort. Alle diejenigen, die vielleicht fähiger gewesen wären als ich, die sind entweder zu lange als Nachfolger gehandelt worden – doch der Magnago ist nicht gegangen, und mit der Zeit sind sie selbst zu alt geworden. Dann ist halt niemand anderer mehr da gewesen. Die einen waren noch zu jung, die anderen nicht unbedingt die richtigen Kandidaten. Dann hat man mit der Zeit halt mich genommen. Weil ich in allem schon irgendwie drin war, auch als Assessor in Trient unten. Ich hatte eine gewisse Erfahrung, die nicht allen gefallen hat. Aber sie haben keinen Besseren gefunden. Also haben sie mich genommen."

Exkurs 2

Widersacher wider Willen

Ein Interview mit Hans Karl Peterlini

Hans Karl Peterlini, 20 Jahre jünger als Durnwalder, gilt als der ewige Gegenspieler des Landeshauptmanns. Eine Rolle, die dem mittlerweile als Bildungswissenschaftler und Schriftsteller tätigen Widerständigen zwar nicht behagt, die er sich aber als Chefredakteur der Wochenmagazine *ff–Die Südtiroler Illustrierte* und *südtirol profil* von 1990 bis 2004 erarbeitet – offenbar, ohne journalistisch gleichrangige Nachfolger zu finden. Angefangen hat er bei den *Dolomiten*, schon 1982 wechselt er zur *ff*, die sich unter seinem Einfluss immer mehr von der unterhaltsamen Illustrierten zum politischen Magazin entwickelt. Bis 1993 der Aufwind jäh gestoppt – durch einen Konflikt zwischen Peterlini und Durnwalder, der sich von der sachlichen Auseinandersetzung rasch zum persönlichen Duell entwickelt. In der sogenannten Schwimmbad-Affäre geht es um schon 1980 ausgeführte Arbeiten in der Durnwalder-Villa zu Pfalzen. Peterlini hat davon nie etwas zurückgenommen, aber die gerichtliche Prüfung geht zugunsten Durnwalders aus, der Chefredakteur muss gehen.

Galionsfigur einer journalistischen Alternative

Ohne Schaden an seiner Reputation zu nehmen. Bis auf seinen Nachfolger verließen alle Redakteure mit Peterlini das schwankende Schiff. Die Opposition hatte ihre Galionsfigur. Sie gründete flugs mit

Wiener Hilfe das *südtirol profil* – und rieb sich weiter an der Regierungsmacht. 1996 wurde aus diesem Wochenmagazin erst das *Tagesprofil* und dann die *Neue Südtiroler Tageszeitung*, während HKP zurück ging zur *ff* – als Chefredakteur und Ikone des alternativen Journalismus in Südtirol. Alternativ einerseits zu den *Dolomiten* und den Ebners, andererseits zur SVP und zu Durnwalder.

Zwischen allen Stühlen sitzt es sich nicht bequem. Das achten auch die einstigen Kontrahenten. *Silvius Magnago. Das Vermächtnis* stammt von Peterlini und erschien 2007 bei Raetia, nicht bei Athesia. Der alte Alte setzte auch mit über 90 noch seine Duftmarken. Doch über den neuen Alten möchte der mittlerweile selbst 50-Jährige sich vorerst gar nicht interviewen lassen: „Ich weiß nicht, was für ein Verhältnis Durnwalder und ich haben, eigentlich gar keines oder kein besonderes. Die paar Mal, die man von Amts wegen zusammenkommt, das verläuft normal, würde ich sagen. Durnwalder hat sich sogar schon öffentlich wertschätzend zu meiner Arbeit geäußert, das freut einen und zugleich fragt man sich ... habe ich vielleicht meinen Biß verloren? Es ist aber sicher keine Nähe, weder von ihm aus, noch von mir aus, vielleicht so etwas wie Respekt trotz der Distanz und der alten Konflikte. Dass Wendelin Weingartner ein Interview zu ihm gibt, ist etwas anderes. Der redet von einer ganz anderen Position aus. Ich mache das wirklich nicht gern. Ich habe kein gutes Gefühl dabei."

Politik ist als ein Anliegen zu begreifen

Weingartner hat Peterlini unterstützt, als der in Südtirol kaum mehr arbeiten konnte. *Tirol – Notizen einer Reise durch die Landeseinheit* (Studienverlag, 2008) ist ein Ergebnis dieser Annäherung, die durchaus einiges über das Verhältnis des *Wendel* zum *Luis* aussagt. Peterlini hat diesem in seinem Auftakt-Essay zu *Politika 09* (Raetia, 2009), dem Südtiroler Jahrbuch für Politik, gerade einmal zwei Sätze gewidmet – und die muss der Landeshäuptling sich noch mit seinem Vorgänger teilen: „Luis Durnwalders Verwaltungs- und Wirtschaftspragmatismus entzog den Patrioten innerhalb der Partei die letzten Spielräume. Zugleich verkümmerte in der SVP zuerst unter dem Volk-in-Not-Gebot Magnagos, dann unter der Dominanz Durnwalders und einiger weniger Machtkartelle jede interne, auch sozialpolitische Dialektik."

Da schaut einer schon noch sehr genau hin, auch wenn er selbst mit dem Rückzug aus dieser Position kokettiert: „Die *ff* hat mich schon voriges Jahr zu ihm interviewt. Das hat mir dann auch nicht gepasst – im nachhinein. Für mich ist er genau so wichtig, wie ein Landeshauptmann eben für den Bürger in einem Land ist, aber meine Gedanken kreisen nicht etwa zu 99 Prozent um ihn herum. Ich habe mittlerweile andere Interessen und Stoffe, stehe ja auch nicht mehr in der ersten Reihe seiner Kritiker. Ich beschäftige mich jetzt vor allem mit Bildung."

Dazu gehört auch die Weiterbildung der einstigen Gegenspieler vom anderen Ufer des Flusses zwischen Medien und Politik. Peterlini, der sein Kompetenzspektrum mittlerweile durch zahlreiche akademische Ausbildungen erweitert hat, hat eine Ausbildung zum Coach absolviert. Auf seiner Homepage fragt er: „Sind Politiker glücklich? Sie müssen es sein. Aber sind sie es? Was macht Parteien so schwerfällig? Woran krankt unsere Demokratie? Ein Stichwort ist: Politik wieder als Anliegen zu begreifen. Coaching für Politiker und Parteien erfordert Diskretion und Vertrauen. Der Coach ist kein Schmeichler und kein Einflüsterer. Er fragt nach dem, was bewegt; was das Ziel ist; was echt ist."

Aber er mag immer noch nicht antworten auf die Fragen nach dem prominentesten Vertreter dieser Zielgruppe in seinem Heimatmarkt: „Es ist vielleicht auch nicht der richtige Zeitpunkt. Da könnten manche sagen: Schau, jetzt beginnt die Demontage. Aber seine Demontage war nie mein Thema. Wenn einer der führende Politiker ist und der andere ein führender Journalist – und als der habe ich mich als Chefredakteur eines kritischen Magazins schon gesehen: Dann ist das der natürliche Sparringpartner. Da darfst du nicht auf den Kleinen herumhacken. Das habe ich nie mögen und auch nicht getan.

Die Hauptaufgabe liegt da schon in der Beobachtung und Kontrolle der Regierungsmacht. Aus so einer Position ist es schwierig, eine unbelastete Beziehung zu entwickeln. Ich habe ja zum Magnago früher auch kein leichtes Verhältnis gehabt. Später dann, als er in Pension war, schon. Da war das Belastende weg."

Ein Lob der Detailkompetenz und Lernfähigkeit

Peterlini wittert den Braten, noch bevor er ins Rohr geschoben wird. Da kann man noch so betonen, es gehe nicht gegen den Landeshauptmann, sondern um die Abrundung seiner Darstellung – der derart um Auskunft Umworbene ziert sich dennoch mit Anstand: „Den Durnwalder angreifen ... den Job müssen heute andere machen. Das sind die, die ihn nicht mehr haben wollen. Das sind die, die in den Redaktionen sitzen. Aber wozu sollte ich ihn angreifen? Wenn morgen ein Erlass käme, der mich in meiner Arbeit behindert, dann könnte ich ihn angreifen. Aber das ist nicht der Fall. Das ist nicht mein Beruf. In meinem Lebenslauf steht nicht geschrieben: verfolgt Durnwalder. Das hängt man mir immer ein bisschen um, aber das wäre ja auch eine Anmaßung. Von welcher Kanzel herab tue ich denn das? Als Bürger, als Mitglied der Zivilgesellschaft dagegen, wenn ich da sehe, es geht jetzt etwas über die Hutschnur, gehe ich auch wieder auf die Straße. Aber auch gegen oder für jemand anderen."

Schließlich einigen wir uns auf ein Frage-Antwort-Spiel per E-Mail. Andere nennen auch das noch Interview. Wir wissen, dass es schon dem Wort widerspricht. Doch gelernte Printjournalisten misstrauen der Spontanität ihrer Worte und fühlen sich schreibend sicherer. Was liegt, das pickt. Vielleicht hat die Antwort dann sogar mehr Gewicht – z. B. auf die Frage, wie sich Durnwalder in den vergangenen 20 Jahren entwickelt hat: „Mir fällt da meine allererste Begegnung mit Luis Durnwalder ein, er war noch Landesrat für Landwirtschaft und hielt eine Pressekonferenz über ein flächendeckendes Programm zur Bekämpfung der Tollwut, bei dem Hühnerköpfe mit einem Serum für Füchse ausgelegt wurden. Beeindruckt hat mich damals die Detailkompetenz, mit der er auf meine ahnungslosen Fragen antwortete, und ich glaube, das ist seine Stärke geblieben, indem er seinen thematischen Radius rundum erweitert hat, von rein landwirtschaftlichen Themen in alle Fragen einer politischen, sozialen, ökonomischen und auch kulturellen Gesamtentwicklung eines Landes hinein. Durch diese Fähigkeit, sich in fremde Themen auch detailliert einzuarbeiten, hat er auch Entwicklungen begleiten und anstoßen können, die man ihm nicht zutraute: Er kam ja – durch seine Nähe zum Paket-Gegner Peter Brugger – von der patriotischen Flanke der Südtiroler Volkspartei, schaffte es aber im Nu, ein Gespür für die Bedürfnisse der italienischen Bevölkerung zu entwickeln; ebenso erkannte er, dass gewisse – auch von ihm vehement vertretene – Verteidigungshaltungen überflüssig, ja hemmend geworden sind, sichtbar besonders in der Ablehnung einer Universität in Südtirol, aber auch in vielen anderen Fragen der Landesentwicklung und des Zusammenlebens der Sprachgruppen. Da hat er Lernfähigkeit bewiesen, wobei ihm einerseits seine Befassung mit Details, andererseits sein ausgeprägter Pragmatismus behilflich waren, sich von Voreingenommenheiten und festgeschriebenen Mustern zu lösen."

Drüber stehen, aber misstrauisch bleiben

Da ist es nur naheliegend, sich beim einst hartnäckigsten Verfolger zu erkundigen, wie er Durnwalders Umgang mit Kritikern empfindet. Gibt es hier eine Weiterentwicklung? Peterlini glaubt schon: „Luis Durnwalder ist, wohl auch aufgrund seiner Erfahrung und seiner starken Position, teilweise viel gelassener geworden im Umgang mit Kritik, mitunter zeigt er auch Großzügigkeit und Geduld gegenüber Gegnern oder Kritikern. Aber er hat sich – und das muss nicht negativ sein – etwas bewahrt, was völlig im Widerspruch zu seiner auf den ersten Blick dicken Elefantenhaut steht, nämlich eine ausgeprägte Verletzlichkeit. Wenn ein wunder Punkt berührt wird, und ich vermute, auch wenn er das bedroht sieht, was er an Sicherheit und Stabilität aufgebaut hat, dann kann er sehr empfindlich sein. Ich möchte da nicht zuviel hineindeuten und psychologisieren, es ist ein Eindruck, den ich habe: gewachsene Großzügigkeit und auch ein gewisses Drüber-Stehen, aber ein wacher, misstrauischer Instinkt gegenüber allem, was seine Macht – im Sinne von Gestaltungshoheit – bedrohen könnte."

Der Siebziger und der Fünfziger oder die Abgeklärtheit des dritten Jahrtausends. Da machen zwei Figuren, die das vergangene Vierteljahrhundert einerseits entscheidend und andererseits mahnend mitgeprägt haben, ihren Frieden miteinander. Unvorstellbar vor zwanzig Jahren, diese neidlose Koexistenz von zweien, die jeweils in ihrer Klientel auch Geschichte sind. Da stellt sich zwangsläufig die Frage nach dem Unterschied zwischen dem politischen Klima heute und zu Zeiten des *südtirol profil.* Peterlini sieht das vor allem in einer kleinen Welt, in der die große ihre Probe hält: „Ich habe das Gefühl einer allgemeinen Auflösung, von Blöcken, von Positionen, von Orientierungen. Das geht einher mit größerer Freiheit, mit einem Wachsen der Opposition, aber auch mit einer Verflachung von Inhalt und mit einem Verlust von Profil. Und dies ist gekennzeichnet auch durch eine große Unsicherheit: Wie geht es weiter? Wohin geht es? Wer werden die Protogonisten der Zukunft sein? Aus welcher Schmiede kommen sie? Solche Fragen stellten sich auch beim Übergang von Silvius Magnago zu Luis Durnwalder, aber innerhalb einer größeren Systemstabilität; jetzt verstärken sie sich dadurch, dass nicht nur ein möglicher personeller Wechsel ansteht, sondern auch das System weniger fest und unerschütterlich dasteht. Eine solche Situation verdichtet freilich hier in Südtirol auf engstem Raum Phänomene, die wir global auch antreffen – die Auflösung von klaren Zugehörigkeiten, Sicherheiten, Blöcken, Konturen."

Minderheit zu sein, ist auch eine gute Ausrede

Einerseits Auflösung, andererseits Neubindung – siehe Euregio. Mit allen Problemen, auf die Heinrich Bölls Deutschland-prophetische *Schwierigkeiten mit der Brüderlichkeit* (dtv, 1976) auch im *Herz der Alpen* immer noch zutreffen. Aber wo liegen – zugespitzt – zwischen dem Bundesland Tirol und Südtirol die größten Unterschiede? Da holt Peterlini aus, kann seine intensive Beschäftigung mit der Landesgeschichte nicht einfach ausblenden, wenn er das Heute von

Kufstein bis Gries jenem von Gossensass bis Salurn gegenüberstellt: „Unterschiede zwischen diesseits und jenseits des Brenners gab es immer, seit der Teilung 1918/1919 kommt aber doch eine unterschiedliche Entwicklung aufgrund unterschiedlicher Staatszugehörigkeit hinzu. In groben Zügen kann gesagt werden: Südtirol hat einerseits eine Traumatisierung durch die Annexion und Faschismus erfahren, andererseits durch die jahrzehntelange, jetzt schon fast jahrhundertlang währende Auseinandersetzung mit der italienischen Kultur auch etwas gewonnen, worum uns die Tiroler jenseits des Brenners beneiden, einige Softskills im Umgang mit Fremdheit, die uns leider viel zu wenig bewusst sind und deren Wert wir immer noch hinter dem alten Lamento verbergen. Zugleich hat Südtirol gerade durch seinen langjährigen Opferstatus und durch die Autonomiekampfära auch eine Überdosis an Aufmerksamkeit erfahren, an Land-in-Not-Status, was uns – sobald die Not überwunden war – auch etwas selbstgefällig und damit auch etwas träge gemacht hat. Und wir haften noch an diesem Status, an der Verteidigungshaltung, die zwar die gesamte Geschichte Tirols durchwirkt, die aber in Südtirol jene jüngsten Reaktivierungen erfahren hat, wie es sie in Nord- und Osttirol so nicht gegeben hat. Tirol ist dynamischer geblieben, musste sich im Kontext der neuen Republik mit anderen Ländern messen, ohne auf einen Opferstatus zurückgreifen zu können. Wir Südtiroler hatten und haben, bei Schwächen, immer eine Ausrede, nämlich den Umstand, eine Minderheit in einem fremden Staat zu sein, die Tiroler in Österreich hatten und haben diese Ausrede nicht."

Also treffen sich die mit Ausrede und die ohne Ausrede gemeinsam mit jenen, von denen sie einst per „Los von Trient" weg wollten in einer Euregio, einer Europaregion, einem europäischen Verbund für territoriale Zusammenarbeit. Und die kritischen Beobachter von hier und dort fragen sich seit zwanzig Jahren, ob daraus mehr werden kann als eine Art Törggelen auf höherer Ebene. *Fein sein, beinanda bleibn* – in den Grenzen eines historischen, also gestrigen Tirol. Welche Chance für morgen hat denn diese Europaregion? Peterlini ist auch ein Pendler zwischen diesen Welten. Privat daheim in Bozen, wissenschaftlich mindestens so sehr an der Universität Innsbruck, als Journalist und Autor gefragt in Wien, der Bruder Senator in Rom. Ein Makro-Polyglotter, der wissen sollte, worauf er antwortet: „Die Europaregion stellt im Kleinen eine Chance dar, den staatlichen Nationalismus nicht nur zu überwinden, sondern diesem überholten (aber hartnäckig überlebenden) System ein positives Modell gegenüberzustellen: Wie können Gemeinschaften über die Nationalstaatsgrenze hinweg zusammenarbeiten, wie kann Identität entwickelt werden, die sich nicht simpel an der nationalstaatlichen Zugehörigkeit orientiert, wie kann auch – und das ist für mich wesentlich – eine plurale Identität aufgebaut werden, in der sich Menschen verschiedener Herkunft, verschiedener Sprache, verschiedener Kultur als ‚Tiroler' oder meinetwegen ‚Gesamttiroler' oder als gemeinsame Bewohner einer kulturell zusammengehörenden (aber nicht deckungsgleichen) Alpenregion fühlen können. Eine Europaregion, die nur irgendwie eine andere Etikette für ein ‚rein deutsches' Großtirol wäre, halte ich für einen Weg zurück in jene nationale Geisteshaltung, die das alte, mehrsprachige Tirol zerstört hat. Eine supranationale Europaregion wäre dagegen ein Schritt nach vorne, so etwas wie ein Labor für ein föderalistisches und nicht heimlich doch weiterhin nationalstaatliches Europa."

Risikotipp im Nachfolge-Lotto: Warum keine Frau?

Von der Euregio zu ihrem ersten Präsidenten – Versuch einer Zwischenbilanz: Was sind denn die bedeutendsten positiven, welches die wichtigsten negativen Aspekte der Ära Durnwalder, die Peterlini nahezu von Beginn weg professionell erst journalistisch, dann mehr publizistisch begleitet hat? „Die wichtigsten Aspekte sind die Modernisierung des Landes, im Guten wie im weniger Guten: denn unter dieser Formel finden wir die Entspannung zwischen den Sprachgruppen genauso wie eine Liberalisierung in Raumordnung und Wirtschaft, die einerseits dem Land Luft verschafft hat, andererseits auch der Zersiedelung und teilweise auch der Zerstörung von Landschaft einen Schub gegeben hat. Auch ein Verlust von Wertehaltungen geht damit einher, wobei man dies natürlich nicht einfach nur auf Durnwalder schieben kann, er ist genauso ein Kind seiner Zeit, wie er diese Zeit prägen konnte. Um manche dieser Wertehaltungen ist nicht schade, um andere schon – aber so sind Entwicklungen nun einmal. Ein Aspekt, den die Menschen sehr schätzen, ist Durnwalders Entscheidungsfreude, seine Volksnähe, die Möglichkeit, ihn mit kleinsten Problemen persönlich zu befassen. Die andere Seite dieser Medaille ist, dass außer ihm fast niemand mehr etwas zu entscheiden wagt, alles wartet darauf, was er sagt, was er meint. Einen Hang zum Fürstentum haben die Tiroler ohnehin, auch ohne Durnwalder, an ihm hat sich diese Haltung noch einmal verstärkt, mit der Folge, dass mittlerweile ohne Durnwalder eigentlich nichts mehr funktioniert. Das ist eine Stärke, die eine Schwäche ist, und eine Schwäche, die seine Stärke ist."

Auf einen Starken kommt meist ein Schwacher. Oder ein Starker, der Zeit braucht, um sich als solcher zu erweisen. Wer die Abfolge österreichischer Landeshauptleute betrachtet, erkennt einerseits viele große Bäume, die einen zu weiten Schatten warfen, um Kontinuität zu sichern. Andererseits sind da zahlreiche Größen, die nach einer ebensolchen ganz klein mit einer schweren Wahlniederlage angefangen haben. Das gilt für den schwarzen niederösterreichischen Landeshauptmann Erwin Pröll wie für den roten Wiener Bürgermeister Michael Häupl. Das Phänomen zweier nahtlos aufeinander folgender Größen wie Magnago und Durnwalder ist einzigartig. Nicht einmal Vorarlberg mit seinen – wie in Südtirol – erst vier Landeshauptleuten seit dem Zweiten Weltkrieg taugt für einen Vergleich. Denn dort hat diese Funktion in alemannisch-schweizerisch selbstbewusster Bürgertradition nicht annähernd das Gewicht wie in den obrigkeitsgeprägten anderen einstigen Habsburger-Ländern. Also lässt sich die Frage, wer oder was nach Durnwalder kommt – oder nach ihm kommen sollte – auch für Peterlini kaum beantworten: „Das ist sehr schwer zu sagen. Eine Möglichkeit ist: er kommt selber noch einmal. Aber selbst dann bleibt die Nachfolgefrage bestehen. Personen möchte ich und kann ich nicht nennen, da ist zu vieles in Bewegung und im Ungefähren. Was sein könnte, ist, dass sich ein neuer Stil durchsetzt, anstelle der kräftigen Hand, die Durnwalder bewiesen hat, eine verstärkte Teamarbeit, ein Mediator mehr als ein Determinator, wie er es war und ist, jemand – übrigens: warum nicht eine Frau – der oder die Politik stärker als Mannschaftsspiel und als Ausgleichen von Positionen versteht, als dies unter Durnwalder der Fall war und ist. Nicht, dass ihm das völlig abgegangen wäre, aber es war nicht der markante Zug seiner Politik. Diese hat davon gelebt und lebt davon, dass letztlich er die Sache in die Hand genommen und bestimmt hat. Dies wäre wohl die schlechteste Nachfolge – jemand, die oder der ihn in seiner Machtfülle kopiert, ohne auch seine ausgleichenden Eigenschaften zu haben: dann lieber das Original als das Plagiat."

Yin und Yang an Sill und Eisack

Gedächtnisnotizen und weitere Gedanken zu einem Interview vom 8. Juli 2011

Letzte Gesprächsgelegenheit. Seltsame Terminwahl. Schulferienbeginn in sechs österreichischen und fünf deutschen Bundesländern, in den meisten Kantonen der Schweiz und einem Drittel der Niederlande ... halb Europa sitzt im Auto. Ab in den Süden. Der Brenner-Autobahn-Infarkt ist programmiert. Doch am Freitag morgen sind A13 und A 22 kaum ausgelastet, die Mautstellen in Schönberg und Sterzing kein Bremsklotz. Die Transitroute zeigt sich von ihrer schönsten Seite. Wipp- und Eisacktal wie Yin und Yang – so ähnlich und doch so verschieden, weil anders bebaut. Nicht nur wegen der Burgen: *Drinnen* wirken auch die Höfe dominanter. *Drinnen* gibt es noch 27.000, *draußen* nur mehr 17.000 Bauern – *drinnen* sind es 5,5 statt *draußen* 2,5 Prozent der Bevölkerung.

Der Bauernbund gilt bis heute als die stärkste Macht in der Tiroler Volkspartei. Um wieviel mehr Gewicht müssen die Landwirte da erst in der Südtiroler Volkspartei haben? Luis Durnwalder, fünftes von elf Kindern einer Bergbauernfamilie. Aus Pfalzen im Pustertal. Dort lebt er auch noch. Aber immer öfter auch bei Algund im Vinschgau bei seiner Lebensgefährtin Angelika Pircher. Allerdings meistens dann doch in Bozen, dem am italienischsten geprägten Ort Südtirols.

Viel mehr *Bolzano* als Meran jemals *Merano* sein kann. Der urbane Gegenpol zur ruralen Provinz.

Letzte Gesprächsgelegenheit. Offene Fragen? Zuhauf. Sie werden es wohl bleiben. Das Gegenüber bestimmt das Ausmaß der Preisgabe. Gut gelaunt, locker, mit ungewöhnlich dickem Zeitpolster. Er hat Fotos machen lassen. Von Angelika Pircher, sich und der bald zweijährigen gemeinsamen Tochter. Dazu jede Menge älterer Aufnahmen. Kindheit und Jugend, mit Eduard Wallnöfer und Silvius Magnago, mit Helmut Kohl und dem Dalai Lama.

Erstmals vermittelt er jetzt den Eindruck, dass auch ihm das Buch am Herzen liegt. Die professionelle Routine weicht helfender Anteilnahme. Präsentation in Innsbruck? Fixiert. Im Rahmen eines Zeitzeugen-Gespräch der *Tiroler Tageszeitung,* geführt von ORF-Brummbär Elmar Oberhauser. „Trinken's a Flaschl mit ihm!" umrahmt diesmal die Order an den Landhaus-Portier, dem Interviewer wie gewohnt eine Kiste Lagrein von der Laimburg herrichten zu lassen.

Und in Südtirol – wie präsentieren wir es hier? Der zuvor ausgebuchte Terminkalender lichtet sich. Laimburg? Landhaus? Merkantilgebäude! Der Hausherr dort ist Handelskammerpräsident Michl Ebner. Durnwalder glaubt, dass das Buch *drinnen* viel besser gehen wird als *draußen,* bei der Schutzmacht. Obwohl die Styria ein österreichischer Verlag ist. Entstanden aus einem katholischen Pressverein, heute eine hochprofitable AG. Wie die Athesia – unter ihrem Chef Michl Ebner. Gute Wahl, das Merkantilgebäude ...

Kapitel 11

Dolomiten, RAS und ORF

Der Landeshauptmann als Medienpolitiker

Zum Regieren brauche er nur *Bild, BamS* (*Bild am Sonntag*) und Glotze: Dieser Ausspruch des deutschen Ex-Kanzlers Gerhard Schröder gilt längst als Messlatte der politischen Kommunikation. Da geht's nicht nur um die Gretchenfrage, sag, wie hältst du's mit dem Boulevard, sondern grundsätzlich um das Naheverhältnis von Mandataren und Medienmachern. Die Abgründe solcher Symbiosen erhalten soeben durch den Skandal um *News of The World*, die Macht des Rupert Murdoch und die Ohnmacht der britischen Regierung traurige Aktualität. Zur Diskussion stehen mehr denn je jene marktbeherrschenden Stellungen, für die ihre Inhaber sich mit Hinweis auf die kleinen Mitbewerber die Bezeichnung Monopol stets verbitten. Die Besonderheit einer regionalen sprachlichen Mehrheit, die zugleich eine nationale Minderheit ist, sorgt lediglich für einen Zusatzaspekt in der Positionierung einer vierten Gewalt – die Grundproblematik ihrer Legitimation und Verantwortung gilt als globales Phänomen. Die Fokussierung darauf ist allerdings ungleich stärker, wenn das Ausweichen auf andere Angebote mangels sprachlicher Entsprechung (in Italien) bzw. aufgrund fehlender inhaltlicher Relevanz (in Österreich und Deutschland) zwangsläufig Informationseinbußen bringt.

Die Ebners und der Interessenskonflikt

Südtirol und Medien, das heißt Südtirol und die Athesia, die *Dolomiten*, die Ebners. So ist das Klischee, und weder die staatlichen TV- und Radioprogramme der RAI noch das Wochenmagazin *FF* oder die seit 1996 bestehende eher linksliberale *Neue Südtiroler Zeitung* können daran viel ändern. Michl und Toni Ebner als Sinnbilder für Medienmacht in Vermischung mit Politik: Das hat dem einen Bruder schon Vergleiche mit Silvio Berlusconi eingetragen und bringt dem anderen Zweifel an der journalistischen Redlichkeit.

Draußen ist es schwer nachvollziehbar, wie einer zugleich Europa-Abgeordneter der SVP oder Handelskammerpräsident, kooptiertes Mitglied der Tiroler Volkspartei und geschäftsführender Gesellschafter des marktbeherrschenden Medienhauses sein kann. Nicht einmal die Paarläufe mit der Tiroler Wirtschaftslandesrätin Patrizia Zoller-Frischauf fördern dieses Verständnis für die Multifunktionalität des Michl Ebner.

In Österreich, das in Sachen Interessenskonflikte immer noch alles andere als sensibel ist, gelten solche Ballungen öffentlicher und privatwirtschaftlicher Posten längst als unvereinbar. Da könnte der Chefredakteur einer führenden Tageszeitung auch nicht zugleich Aufsichtsrat eines Geldinstituts mit durchaus vitalen Interessen im Verbreitungsgebiet des Mediums sein – wie es Toni Ebner bei der Hypo Tirol Bank ist.

Partei und Zeitung als Duopol der Macht

So lässt sich *draußen* auch leicht verbreiten, dass *der Luis* und *der Michl* sich das Land quasi aufteilen. „Zwischen Partei und Zeitung gibt es eine stillschweigende Übereinkunft, sich gegenseitig zu stützen", diktiert Reinhold Messner im Jahr 2000 dem *Spiegel*, der seinen Artikel „Krankhaftes Nicken" folgendermaßen untertitelte: „Südlich des Brenners regt sich Widerstand gegen die Herrschaft der konservativen Volkspartei und gegen die mächtige Verlegerfamilie Ebner."

Als Kronzeuge neben Messner diente der ehemalige SVP-Vize Hubert Frasnelli, den empörte, dass Durnwalder und Ebner „sich die Geschicke des Landes auf dem Weg zum Frühstück ausschnapsen“. Genüsslich zitiert Walter Mayr für das deutsche Magazin, Frasnelli halte das dienstfertige Nicken der Parteichargen, wenn die Mächtigen sprechen, inzwischen für krankhaft: „Dieser politische Parkinson in der Parteileitung der SVP hat gute Chancen, in das klinische Wörterbuch aufgenommen zu werden.“

Messner legt damals noch eins drauf: „In der DDR wurde auch gewählt. Aber es gab nur eine Partei. Genauso ist es in Südtirol. Unsere Leute sind fast alle abhängig von diesem System. Und wer abhängig ist, darf keine unabhängige Meinung haben.“ Vom *Spiegel* damit konfrontiert, erwidert Michl Ebner: „Wenn jetzt auch der Messner Südtirol mit der DDR vergleicht, ist das eine gröbliche Verletzung der Empfindungen von Tausenden toten oder eingesperrten DDR-Bürgern.“ Bruder Toni kontert persönlicher, Messner sei geradezu prototypisch ein „bornierter Tiroler, wie er im Buch steht“, durch Weltreisen aber zur Erkenntnis gekommen, dass die Heimat zu klein und zu eng sei. Durnwalder schließlich meint schon im Jahr 2000: „Den Reinhold Messner würden aus Südtirol doch keine zehn Pferde wegbringen.“

Der Landeshauptmann sollte Recht behalten, und die Ebners sicherten sich 2004 mit der Athesia fünfzig Prozent der Moser Holding, dem Konzern rund um die *Tiroler Tageszeitung* – um sich schon 2007 wieder von diesem strategischen Kronjuwel zu trennen. Auch die Kürze dieses Engagements zeigt, wie unterschiedlich die Praxis des Verständnisses von Politik und Medien dies- und jenseits des Brenners ist. Theoretisch hat es Michl Ebner für das *Tiroler Jahrbuch für Politik 2003* unverfänglich beschrieben: „Im Dreiecksverhältnis Politik – Medien – Öffentliche Meinung gibt es zwei Akteure und einen Zaungast. Politik und Medien agieren, die öffentliche Meinung sieht zu, lässt sich allerdings beeinflussen, weniger von der Politik als von den Medien. Nicht ohne Grund spricht man heute allgemein von einer (politikmüden) Mediengesellschaft. Die politische Gesellschaft ist zweitrangig geworden, sie absorbiert das, was von den Medien auf sie abfällt und abfärbt. Das ist in Süd- und Nordtirol nicht anders als andernorts." Die Besonderheit des Verhältnisses von deutschsprachigen Medien und Politik in Südtirol besteht aber darin, dass sie als Identitätsstifter einer Minderheit eine noch zentralere Rolle haben – deshalb sind *drinnen* die Trennlinien weniger exakt.

Der Landeshauptmann und die Vielfalt

Es gibt aber auch genügend Anzeichen dafür, dass der vermeintliche Gleichschritt zwischen Partei und Zeitung, zwischen Ebners und Durnwalder, in Wirklichkeit eine große Rivalität ist – deren sich beide bewusst sind, die aber von ihnen im Sinne der Landesverantwortung kaum öffentlich ausgelebt wird. Des Medienmachers Michl Ebners schriftliche Erklärung von der Nachrangigkeit der Politik gegenüber den Medien weist ebenso daraufhin wie Durnwalders Andeutungen zur wünschenswerten Medienvielfalt in einem Interview für dieses Buch: „Wir hätten sicher nichts dagegen gehabt", antwortet er auf die Frage nach Expansionsplänen der *Kronen Zeitung* nach Südtirol. Durnwalder bestätigt diese Pläne von Hans Dichand – und auch seine Beteiligung an solchen Gesprächen: „Mit mir wurde da nur am Rande geredet, denn es war ja nie offiziell. Wenn, dann hätten sie das ja auch mit andern Kreisen oder überhaupt allein machen müssen – eine eigene Gesellschaft bilden, die dann auch den Vertrieb macht. Ob sich das gerechnet hätte, weiß ich nicht. Aber ich hätte sicher nichts gegen eine solche weitere Informationsquelle gehabt." Die italienische Presseförderung, aus der *Dolomiten* wie *Neue Südtiroler Tageszeitung* als Minderheitenblätter schöpfen, wäre wohl auch der *Krone* gewiss gewesen. Dieses Subventionssystem sorgt ohnehin für mehr Vielfalt, als der oberflächliche Blick auf eine vermeintliche *Dolomiten*- und Athesia-Allmacht glauben lässt.

Das zentrale Element für diese Entwicklung noch vor Satelliten-TV und Internet-Globalisierung war die Gründung der RAS, der Rundfunk-Anstalt Südtirol, im Jahre 1975. Durnwalder erinnert sich noch gut an die Geburtswehen dieser Institution, die den flächendeckenden terrestrischen Empfang deutschsprachiger (und rätoromanischer) Rundfunkprogramme sichert: „Nach dem Krieg hat es ja überhaupt keine Medienverbindung in den deutschsprachigen Raum gegeben. Wir haben bis Mitte der sechziger Jahre nur italienisches Fernsehen gesehen. Dann sind wir Anfang der siebziger Jahre zum Helmut Kohl gefahren. Der ist damals Ministerpräsident von Rheinland-Pfalz gewesen und hatte beste Verbindungen zum ZDF. Und die waren bereit, uns deutsches Fernsehen zu liefern. ORF war damals nicht möglich. Also haben wir eine eigene Körperschaft gebildet, die RAS, die Strukturen schafft, damit das überhaupt technisch funktioniert. Und dann hat zuerst das ZDF einen Vertrag gemacht mit uns. Die haben gesagt: Wir geben euch das kostenlos."

Auch darin liegt eine Erklärung, warum Südtirol Deutschland mitunter näher wirkt als Österreich. Denn: „Erst später haben wir es auch mit dem ORF so gemacht. Und dann mit der Schweiz. Wir kriegen das alles kostenlos, zahlen dafür keine Steuern und keine Gebühren. Heute kann man das ja über Satelliten holen. Aber damals war das eine ganz große kulturelle Sache. Heute ist ORF 1 das meist gesehene Fernsehen in Südtirol, dann kommt das ZDF, dann kommt ORF 2."

Südtirol heute und Millionen für den ORF

In Österreich dagegen erreicht ORF 2, das heimatbezogenere und informationslastigere Programm, wesentlich mehr Publikum als ORF 1, wo neben dem Sport vor allem US-Filme und -Serien dominieren. Dennoch steht Durnwalder zur Etablierung jenes „Südtirol heute", das nicht nur zwischen Gossensass und Salurn ausgestrahlt wird, sondern auch das Bundesland Tirol wochentäglich aus dem Gesamtprogramm von ORF 2 aussteigen lässt: „Das wird bei uns recht viel gesehen. Die Jugend mag es, weil es nett aufgemacht ist – aber vor allem die älteren Leute, die Zeit haben, schätzen es." Mittlerweile betreibt der ORF diese zehnte Bundesländersendung bereits seit mehr als einem Jahrzehnt. Sie scheint unumstritten.

Vor dem Start am 1. April 1996 gibt es allerdings monatelange heftigste Auseinandersetzungen um das Projekt, in denen neben den wirtschaftlichen Interessen von Athesia und Moser Holding auch jene von Peter Schröcksnadel eine große Rolle spielen. Der Präsident des Österreichischen Skiverbandes, wie Durnwalder Geburtsjahrgang 1941, ist in seinem Brotberuf Medienunternehmer. Doch das vom ORF in Kooperation mit einem Privatsender produzierte und finanzierte Konzept scheitert, und das Projekt wird 1998 vorerst eingestellt. Seit dem Neustart am 2. Mai 2000 auf neuer rechtlicher Grundlage ist die Sendung ins Programm des ORF integriert. Er finanziert es nun gemeinsam mit der Südtiroler Landesregierung.

Durnwalder erweckt heute den Anschein, als sei dies alles ohnehin immer in bester Harmonie geschehen: „Wir haben uns als Regierungschefs zusammengesetzt und gesagt, wenn wir schon die Europaregion Tirol schaffen wollen, da ist das Erste nicht, dass sich die Politiker treffen, sondern dass die Leute die betreffenden Länder auch ein bisschen kennen lernen, Politiker kennen lernen, Realitäten kennen lernen. Das geht zunächst einmal durch Informationen. Wir haben das zuerst probiert mit den Zeitungen, aber das hat nicht hingehauen. Die Leute kaufen keine zwei Zeitungen, das ist nicht zu machen", verweist der Landeshauptmann auf die ewig vergeblichen politischen Träume eines gemeinsamen Blattes oder zumindest einer Kooperation von *Dolomiten* und *Tiroler Tageszeitung*, die letztlich immer an den wirtschaftlichen Gegebenheiten scheitert. Die Märkte wirken noch deutlicher geteilt als es die Staatsgrenze mit den Ländern schafft. Obwohl die EU aus der deklarierten Wirtschaftsgemeinschaft EWG hervorgegangen ist, hinkt die Ecoregio der Euregio nach.

Wenn Politik das Bohren harter Bretter ist, ist Wirtschaftspolitik das Hobeln dicker Stämme. So sieht Durnwalder das grenzüberschreitende Medienengagement als langfristige Investition: „Wir haben dann mit dem ORF Kontakt aufgenommen, und der war einverstanden unter der Voraussetzung, dass wir da etwas mitzahlen. Das ist auch richtig. Denn es wäre nicht gerechtfertigt, dass der österreichische Steuerzahler für Dienste bezahlt, die wir auch selber zahlen können. Heute sind es, glaube ich, 1,8 Millionen, die wir pro Jahr zahlen müssen, und die zahlen wir auch. Aber auch sie haben was draufgezahlt, Nordtirol und der ORF. Denn sie haben gesagt: Uns ist das auch was wert, auf diese Art und Weise zu expandieren und auch in einem anderen Staat zu sein – wo man auch wieder gewisse Vorteile hat. Also haben wir uns das so ausgemacht. Jetzt läuft es schon seit mehr als zehn Jahren."

Die Übersetzung von Bild, BamS und Glotze

Bleibt die Frage: Was bringt's? „Aus unserer Sicht erreicht es seinen Zweck, weil es auch im nördlichsten Winkel Tirols zu sehen ist. Dort kennen sie mich sicher nicht nur aus der Zeitung, die kennen mich vor allem durch das Fernsehen. Die RAI hat das bei uns zuerst einmal nicht besonders gern gesehen, aber keine Schwierigkeiten gemacht. Also wird das auch so weitergeführt. Denn im Großen und Ganzen hat es sich gut entwickelt."

Bild, BamS und Glotze? Wenn die *Dolomiten* der *Bild* entsprechen (machtmäßig, nicht medienartig), wenn die ebenfalls aus dem Hause Athesia stammende *Zett* der *BamS* vergleichbar wirkt, dann ist klar, warum Luis Durnwalder alles tut, um wenigsten die Glotze – RAI, RAS und ORF – mehr in seinem Einflussbereich zu behalten, als auch sie den Ebners zu überlassen. Sie sind nur beim ersten Versuch von „Südtirol heute" dabei. Durchaus bezeichnend. Damals hält sich das Land zurück.

Dynamik aus dem Bauernbund: nach 28 Jahren ein neuer Landeshauptmann ...

Kapitel 12

Jenseits von Austria

Eine wechselhafte Fernsicht: Südtirol und Durnwalder im »Spiegel« der Deutschen

Der Spiegel, Woche für Woche rund eine Million mal verkauft, kümmert sich wenig um Österreich und schert sich kaum um Südtirol. Es sei denn, es ging um Jörg Haider (den er nicht mag) oder es geht um Reinhold Messner (den er mag). Das „Sturmgeschütz der Demokratie" mit seiner latenten Nordlastigkeit und Bayernskepsis sieht bis heute in allen Provinzen südlich von München ähnliche Zustände, wie es sie seinem Lieblingsfeind Franz-Josef Strauß selig vorgeworfen hat. Je Älpler, desto unverständlicher. Umso bemerkenswerter wirkt der Einschätzungswandel von Europas größten Nachrichtenmagazin zu Südtirol = Durnwalder. Da wird die Messnersche Metamorphose nahezu 1:1 übernommen.

Zum Amtswechsel in der Apartheid-Festung

Schon 1975 titel *Der Spiegel* gleich nach einer Meldung über Südafrika „Apartheid in Südtirol", weil unter anderem jene Südtiroler Hochschülerschaft, deren Vorsitzender Durnwalder bis 1965 ist, gegen eine eigene Uni in Bozen auftritt – und für die Landesuniversität Innsbruck. In der Nachricht über die „deutschsprachige Minderheit in der italienischen Region Trient-Südtirol" schreiben die Hamburger Magazineure: „Denn die Gründung einer doppelsprachigen Uni, so die SVP, würde eine Mischkultur fördern, die angestrebte

Einigung Europas aber setze Vielfalt und Abgrenzung der Kulturen voraus." Knapp an der Waterkant wissen sie natürlich auch, warum das hinter den sieben Bergen so ist: „Die Verfechter der Doppel-Uni dagegen argwöhnen bei der SVP ‚Apartheid-Tendenzen', und sie vermuten zu Recht, dass hinter dem Nein der erzkonservativen SVP auch politische Angst steckt: Eine Uni in Bozen würde Unruhe stiften – und letztlich den Linksparteien nützen."

Schlimmer noch 1988 – just vor dem Landeshauptmannwechsel. Da liefert das A-Wort zwar nicht mehr die Schlagzeile, doch „In der Apartheid-Festung Südtirol fühlen sich die Italiener als Opfer" untertitelt statt einer Kurzmeldung die Sechs-Seiten-Story „Die Deutschen haben doch wirklich alles". Inklusive Reinhold Messner als Kronzeugen: „Das Wort Heimat ist in Südtirol nicht mehr möglich. Dazu gibt es unter Mussolini zu viele Verräter, die das Land verlassen wollten."

Doch den stärkeren Tobak liefern die Artikel-Autoren selbst – damals noch im alten *Spiegel*-Stil als anonymes Kollektiv: „Gemeinsam mit seinem Stellvertreter Alfons Benedikter, einem ausgefuchsten Juristen, baute Magnago das Land an Etsch und Eisack mit seinen 350 historischen Burgen und Schlössern zu einer beklemmenden Apartheid-Festung um." Seite für Seite Thesenjournalismus im klassischen *Spiegel*-Stil – mit einem schnell erkennbaren Ziel: Südtirol soll so zerlegt werden wie wenige Jahre zuvor schon Österreich. Wie damals Waldheim, so jetzt Magnago: Der „Landeshauptmann (...) ahnt offenbar noch nicht, dass seine kunstvoll zusammen gezimmerte Apartheid-Enklave bald in sich zusammenstürzen könnte. Bis spät in die Nacht hinein empfängt er frohen Muts Besucher im Bozner Landhaus, seinem Burgfried. Im Halbdunkel hämmert er mit der Faust auf die Tischplatte, wenn er beteuert: ‚Es gibt bei uns keine Apartheid, weil es keine Südtiroler Rasse gibt. Die gibt es nur bei den Viechern.'" Daneben ein Foto von Reinhold Messner vor Juval und die Bildunterschrift: „Das Großdeutsche Reich ist nie untergegangen". Und schließlich der letzte Satz des Artikels – geradezu triumphalistisch, weil der *Der Spiegel* dem 74-jährigen Silvius Magnago in

Zusammenhang mit seiner Wehrmachtszeit doch noch den Un-Satz schlechthin entlocken kann: „Ich habe immer nur meine Pflicht getan."

Zwei Ausgaben später findet sich der kommende Nachfolger in der Rubrik „Rückspiegel". Das Hamburger Magazin zitiert die römische Tageszeitung *La Repubblica:* „‚Eine Bombe gefährlicher für das friedliche Zusammenleben als jene, die die Terroristen legen' sagt der Spitzenkandidat der Südtiroler Volkspartei Luis Durnwalder und wirft mit einer ärgerlichen Geste die *Spiegel*-Ausgabe auf seinen Schreibtisch." Der *Corriere della Sera* wird ebenfalls, aber deutlich nüchterner zitiert: „Ein Report der deutschen Zeitschrift *Spiegel* erweist sich als eine außerordentlich harte Anklageschrift gegen die Südtiroler Volkspartei." Und auch die *Dolomiten* schaffen es in dieses Pingpong der gegenseitigen Medienbeachtung: „Der *Spiegel* hat gesprochen. Sein Urteil über Südtirol in der jüngsten Ausgabe ist vernichtend." Es ist nicht überliefert, ob dies ernst, zynisch oder ironisch gemeint war.

Vom Wohlfahrtsstaat und Schlaraffenland

1999 dagegen ist Durnwalder schon der Gute, sind die Südtiroler keine Apartheid-Freunde mehr, aber Reinhold Messner ist immer noch der Kronzeuge für alles: „Dabei ist Südtirol", so Messner, „für alle Sprachgruppen ein Schlaraffenland", konstatiert das Magazin in dieser Momentaufnahme, die so gar nicht den Artikeln aus den früheren Jahrzehnten entsprechen mag. Der Grund dafür ist auch diesmal sofort erkennbar. Mit dem Titel „Properer Populist" ist nicht Durnwalder gemeint, sondern sein östlicher Nachbar-Landeshauptmann – der Gottseibeiuns von Kärnten. „Jörg Haiders FPÖ bringt die Rückkehr der Dolomiten-Provinz nach Österreich ins Gespräch – zum Verdruss der Bozener Landesregierung. Auch die Bürger sind bisher dagegen" lautet die Unterzeile. Der Feind meines Feindes ist mein Freund. Auch im *Spiegel*-Bild. Also schreiben sie 1999 über die Apartheid-Festung von 1988: „Zwischen Brenner und Salurner Klause hat sich ein Wohlfahrtsstaat nach skandinavischem Muster längst vergangener Zeiten breit gemacht" und zitieren ausführlich und wohlwollend den Nachfolger des ungeliebten Magnago: „Eigentlich gebe es ‚keinen Grund, den Status quo zu verändern', solange in Rom nicht die rechte Alleanza Nazionale regiere und die Südtiroler Autonomie in Frage stelle."

Ein Jahr später dann wieder das übliche Messner-Interview im *Spiegel.* Südtirol-Fazit des damals grünen Europa-Parlamentariers: „Es wird zu keiner Revolution kommen, auch zu keiner Explosion. Südtirol implodiert am Ende. Vielleicht in der Nach-Durnwalder-Zeit." Das wäre aus heutiger Sicht aber wohl zugleich die Post-Messner-Ära.

Denn sein legitimierter Antipode als Stellvertreter alles Südtirolischen verbleibt zäher im Amt, als der emeritierte Bergsteiger einst vermutet hat. 2008 widmet ihm *Der Spiegel* eine spöttische bis ätzende Personalie: „Luis Durnwalder, 66, Landeshauptmann der autonomen italienischen Region Südtirol, hat unfreiwillig die Diskussion über hohe und zu hohe Gehälter nun auch südlich der Alpen entfacht. Anders als etwa in Deutschland geht es in der italienischen Variante nicht um überzogene Managerverdienste, sondern um die Einkünfte von Politikern, vor allem der südtirolischen Regionalregierung mit Provinzverwalter Durnwalder an der Spitze. 25.600 Euro bekäme der monatlich, entdeckten italienische Medien, mehr als Ministerpräsident Romano Prodi. Selbst Deutschlands mächtige Kanzlerin Angela Merkel verdiene mit 19.300 Euro monatlich deutlich weniger als der Vormann der kleinen Schar deutschsprachiger Norditaliener. Dabei müsse Merkel, so die Zeitung *La Repubblica,* regelmäßig ‚mit George Bush und den Großen der Welt zu Tische sitzen'. Doch der Vergleich mit seiner Berliner Kollegin ficht den Südtiroler nicht an. ‚Für das, was ich mache, müsste ich eigentlich noch mehr bekommen.'"

Sinneswandel zum Übervater und ewigen Durni

Im Sommer 2010 schließlich huldigt *Der Spiegel* dem einstigen „Apartheid-Erben" auf drei Seiten unter dem Titel „Der ewige Durni". Natürlich wieder mit dem Segen von Reinhold Messner: „Der Durni erst hat die Autonomie in wirtschaftlichen Erfolg verwandelt", zollt er seinem Gönner Respekt. Der erlebt unterdessen selbst in den Seitenhieben des deutschen Leitmediums, wie sich in den magazintypischen Spott kaum verhohlene Bewunderung mischt: „Wer Durni erlebt, zu Besuch auf den Finailhöfen im Schnalstal, fast 2000 Meter über dem Meer und 1000 Meter unterhalb der Stelle, wo der Ötzi im Eis geborgen wurde, der sieht einen Mann, der schlecht los lassen kann: „Wie er das ‚Schöpserne', den Lammbraten, in der Bauernstube von Serafin Gurschler eigenhändig verteilt, als wäre er hier der Hausherr; wie er seine Lebensgefährtin, die ihn ‚Papi' ruft, samt gemeinsamer einjähriger Tochter stolz im Schlepptau hat – da muss ganz offensichtlich einer, der demnächst 69 wird, an allen Fronten zeigen, dass er's noch draufhat." Mittlerweile schreibt *Der Spiegel* auch von einem „Übervater" Magnago und bewundert die Kontinuität von nur zwei Südtiroler Landeshauptleuten neben 19 italienischen Ministerpräsidenten: „Der Landeshauptmann mit all seinen Widersprüchen steht beispielhaft für das heutige Südtirol, ein altes Bauernland am Scheideweg – zwischen Abschottung und Globalisierung, tief verwurzeltem Volksglauben und Säkularismus. Hört Durnwalder auf, werden die Konflikte deutlicher zutage treten", analysiert Walter Mayr. Die Journalisten des linksliberalen Magazins schreiben längst nicht mehr anonym.

Ein Mann des Volkes im Focus der Zeit

Jene vom bürgerlichen jüngeren Konkurrenten *Focus* taten das ohnehin nie und entdecken Durnwalder schon früher als Phänomen: Als „Mann des Volkes" betiteln sie ihn bereits 1998: Unter „Der konservative Südtiroler Landeshauptmann erzielt bei den Landtagswahlen ein Traumergebnis" folgt sein Steckbrief in zehn Punkten. Eine Eloge: „An erster Stelle stehen seine Wähler. Regelmäßig hört er sich in Sprechstunden an sieben Uhr die Sorgen der Bürger an. Sein Motto: ‚Zuerst das Volk, dann die Politik'."

Dem intellektuellen Status entsprechend zurückhaltender als *Spiegel* und *Focus,* aber durchaus der Ironie nicht abgeneigt, widmet sich unterdessen *Die Zeit* Südtirol und seinem Landeshauptmann. Die Kurzmeldung mit dem Titel „Geisterstunde" von 1996 wirkt heute durchaus zeitlos: „Auf Gespensterjagd befindet sich Italiens – nicht ganz geheime – Staatspolizei, alarmiert von Untersuchungsrichtern in Bozen und Trient. Da hatten es doch die Regierungschefs beider Provinzhauptstädte, der Südtiroler Luis Durnwalder und der ‚Welsch'-Tiroler Carlo Andreotti, gewagt, über die Brennergrenze hinweg mit dem österreichischen Nordtirol ein gemeinsames Büro in Brüssel zu eröffnen. Angemietet von der Innsbrucker Landesregierung, soll es nicht nur der wirtschaftlichen Zusammenarbeit dienen, sondern auch politisch die Idee der ‚Europa-Region Tirol' fördern. Schönere Zukunft also? Nein, böse Vergangenheit, mutmaßen italienische Ermittler und stöbern in beschlagnahmten Papieren: Durch die europäische Hintertür könnten sich ja die Feinde des heiligen Nationalstaats einschleichen, die Geister der k. u. k. Monarchie oder gar großdeutsche ‚von der Etsch bis an den Belt'. Hat das Land etwa keine anderen Probleme? Tu felix Italia!"

Exkurs 3

Vom Gipfelsieg zum Heimatglück

Ein Interview mit Reinhold Messner

Für Nichttiroler ist er der Tiroler schlechthin. Denen ist es gleichgültig, ob einer *von drinnen* oder *von draußen* stammt. Die ganz Berühmten kommen ohnehin aus dem Süden und finden ihre größte Beachtung vorerst im Norden. Ötzi, Andreas Hofer, Reinhold Messner. Mit dem Archetypus des Bergsteigers hat der Landeshauptmann seit jeher ein Gegenüber von höchster geistiger, materieller und emotionaler Unabhängigkeit. Messner ist knapp vier Jahre jünger als Durnwalder. Ein frühzeitig globalisierter Popstar des wachsenden Naturbewusstseins im letzten Viertel des 20. Jahrhunderts. Der beidseitig ungewollte Gegenentwurf zum lange Jahre vor allem Heim und Scholle verkörpernden *local hero* des Bauernbundes. Einer, der soviel weg ist, dass er umso mehr schätzt, was er erlebt, wenn er zurück kommt. Wie im August 2011, ganz knapp vor Redaktionsschluss dieses Buches. Montag morgen – Abarbeiten der gehäuften Anfragen im Messner Mountain Museum in Firmian alias Schloss Sigmundskron – einem magischen Ort für Südtirol zwischen gestern und morgen. Da ist einer vieles, aber sicher kein Pensionist: Statt einer Mittagspause nimmt Messner sich eine halbe Stunde Interview-Zeit. Hochkonzentriert. Er weiß um die Kraft des dokumentierten Wortes. Vielfach archiviert in der Weltpresse. Seine massive Heimatkritik der 1980er-Jahre ist Geschichte. Doch die Beziehung des fast schon verlorenen Sohnes, den insbesondere deutsche, aber auch österreichische Medien gern als eine Art Generalanwalt oder Kronzeugen für alles Südtirolerische bemühen, hat sich gewandelt – zum Land wie zu Durnwalder.

Wenn zwei Tatmenschen zusammen kommen

„Mein persönliches Verhältnis zu ihm ist relativ schnell, gleich nach seiner Wahl zum Landeshauptmann 1989, ein eher positives geworden. Ich war ja bis dorthin, in der Magnago-Zeit, eher ein Skeptiker und Kritiker der Volkspartei. Nicht unbedingt von Silvius Magnago – da nur in einigen Punkten, wegen seiner trennenden Haltung. Aber interessanterweise – und das weiß fast niemand – war es Alexander Langer, der mir schon 1990/91 beigebracht hat: Luis Durnwalder ist viel offener und tut Südtirol gut. Und ich habe das dann auch festgestellt. Ich kannte ihn damals nur oberflächlich von einem einzigen Gespräch, als er noch Landesrat war und habe ihn dann erst besser kennengelernt. Als Landeshauptmann ist mein Verhältnis zu ihm immer respektvoller und auch anerkennender geworden. Für seine Arbeit gebührt ihm Dank. Dazu muss ich persönlich sagen: Zwei Tatmenschen, die zusammen kommen und Vertrauen zueinander finden, bringen etwas weiter. Also, mit Durnwalder habe ich in meinem Land Südtirol etwas weitergebracht. Sonst wäre ich vermutlich irgendwo in Patagonien gelandet."

Messner, der tausendfach erprobte Interviewgeber, kennt nur zu gut die Erwartungshaltung der professionellen Fragesteller, für die sich ein profilierter Kritiker grundsätzlich verdächtig macht, wenn er plötzlich lobt, statt etwas in Bausch und Bogen zu verdammen – noch dazu einen statt etwas, also höchstpersönlich. Die Positionierung als Widerständiger benötigt permanent Unterfütterung. Doch der Schlossherr stimmt der Vermutung zu, dass sein positiv entwickeltes Verhältnis zu Durnwalder letztlich die Grundlage für die heute pragmatisch liebevolle Beziehung des Weltenwanderers zum Heimatland bildet.

Ein Nestflüchter, der längst dableiben will

„Nein, da wird nicht zu viel hinein interpretiert. Ich habe seit Durnwalder in Südtirol die Möglichkeit, mich zu entfalten. Und das Wesentliche dabei war, dass er mir Vertrauen geschenkt hat für meine schwierigen Projekte, die ich im Kopf hatte. Und damit erst habe ich in Südtirol mehr Wurzeln geschlagen. Nicht nur bei mir auf Juval, wo ich mit meiner Familie lebe, sondern im Lande. Heute könnte ich mir gar nicht mehr vorstellen wegzugehen. Weil ich viel Verantwortung übernommen habe. Wir haben eine ähnliche Meinung, was die Heimatverbundenheit angeht. Sie hat in erster Linie mit Verantwortung zu tun: Verantwortung für die Zukunft übernehmen und das Beste fürs Land zu tun. Nicht zu fragen, was gibt mir das Land, sondern was kann ich für dieses Land tun. Meine Möglichkeiten waren ja sehr beschränkt. Ich bin ein unwichtiges Menschlein, bin nur als Abenteurer, als Sammler, als Bergsteiger zu Erfahrungen gekommen. Ich konnte am Ende dieses mein Erbe hier in Südtirol einbringen – und das verdanke ich Durnwalder. Ich glaube, auch das Land muss ihm dafür danken. Sonst wäre das MMM nicht da, sondern woanders."

Nur ein kleines Bergsteigerlein – die Koketterie eines Weltstars, der weiß, dass er viel mehr ist, weil ansonsten seine Zukunft schon Vergangenheit wäre. Eine Historie aus Gipfelsiegen, Wüstenwanderungen, Poldurchquerungen und anderen Expeditionen. Doch Messner hat sich dem guten Einvernehmen mit dem Landeshauptmann zum Trotz auch selbst durchaus parteipolitisch engagiert. Zwar als Unabhängiger, aber doch Mandatar in der geistigen Erbschaft von Alexander Langer, dem 1995 gestorbenen, langjährigen Gegenspieler von Luis Durnwalder. 1999 bis 2004 als Abgeordneter auf der Liste der italienischen Grünen im Europäischen Parlament. Parallelengagement für Südtirol oder doch durchaus auch als Gegenpol zu ihm?

Skeptiker der Parteiendemokratie

„Also, ich bin nie ein Parteipolitiker gewesen. Es war so, dass Alexander Langer den Grünen in Rom, nicht in Bozen, bereits vor seinem Tod mitgeteilt hat, er sehe mich als seinen Nachfolger in Brüssel. Er wollte ja in Bozen Bürgermeister werden. Diese Bürgermeisterwahl hat dann nicht stattgefunden, weil die Volkspartei die Kandidatur Langers blockiert hat. Er war sehr enttäuscht – aber ich will jetzt nicht über das Ableben von Alexander reden. Doch später, 1999, kamen die Grünen von Rom zu mir und haben mich gefragt, ob ich einen grünen Listenplatz einnehmen würde oder nicht. Eine meiner Bedingungen war, dass ich es nicht als grünes Parteimitglied tun muss. Ich hätte es nie getan. Ich bin der grünen Partei nicht beigetreten. Ich bin später auch der Volkspartei nicht beigetreten und werde der Volkspartei nie beitreten, weil ich generell ein Skeptiker der Parteiendemokratie bin. So wie ich ein Skeptiker bin, wenn man versucht, Basisdemokratie mit Stellvertreterdemokratie zu mischen. Diese Art Mischung kann nicht funktionieren. Wenn, muss man die Verfassung ändern und eine andere Form der Demokratie einführen. Was ich akzeptabel fände. Doch es muss klar sein, welche Form der Demokratie wir installieren. Weil ich anders wähle. Wenn ich wählen kann, muss ich um meine Verantwortung wissen. Ich will nicht ausschweifen, ich sage nur das eine: Ich habe zu Durnwalder ein Vertrauensverhältnis. Es ist wichtig, dass die Südtiroler das wissen. Es geht um ein Vertrauensverhältnis und nicht um Abhängigkeit. Der Herr Landeshauptmann braucht mich nicht, und ich brauche den Herrn Landeshauptmann nicht."

Tatmenschen, Alphatiere, Solitäre unter sich. Da tun sich zwei schwer mit der Vielzahl von Gremien und der Langwierigkeit ihrer Abstimmungen. Entscheider, die des Verhandelns schnell müde werden. Messner hat kein Verhältnis zur Südtiroler Politik, weil der Gipfelstürmer diese Mühen der Ebene scheut. Er hat ein Verhältnis zum Landeshauptmann, weil für den Bergsteiger wie auch Durnwalder alles Chefsache ist. Führungspersönlichkeiten, die sich ungern in einem demokratischen Prozess aufreiben lassen, so lange sie die Dinge unter sich klären können.

Die Medienschelte zum Wutbürgertum

„Ich meine, unser Verhältnis ist ein Vertrauensverhältnis, nicht ein Abhängigkeitsverhältnis, wie es inzwischen unterschwellig von den Medien dargestellt wird, um weiter Neid zu schüren. Auch in Südtirol versuchen inzwischen die Medien, Wutbürger zu produzieren. Weil es sie hier nicht gibt, werden sie provoziert. Es ist interessant zu beobachten. Es ist ein Geschäft, aber es durchschaut kaum jemand. Als ich 1999 zur Wahl angetreten bin, habe ich lange gezögert: Soll ich mir das überhaupt antun? Ich habe es zuletzt nur getan, weil ich Invalide war und mir gesagt habe: Warum es nicht wenigstens einmal versuchen? Und natürlich war die Frage: Kann ich das Mandat überhaupt gewinnen mit dem Wind, der mir damals in Südtirol vielerorts entgegengeschlagen hat? Es hat knapp funktioniert. Ich habe auf dem Weg nach Mailand zur Pressekonferenz nur einen Menschen in Südtirol angerufen – den Landeshauptmann informiert, dass ich antreten werde. Weil ich nicht wollte, dass er es aus den Medien erfährt. Er hat nicht gesagt: Du fällst mir in den Rücken, oder du tust das gegen die Volkspartei, wir sind uns doch einig in einigen Punkten. Nein, er hat gesagt: Wenn du gewinnst, ist es gut, und wenn du verlierst, sei nicht traurig. Pragmatisch einfach."

Messner hat gewonnen und wäre 2004 auch noch einmal angetreten. Doch nicht mehr als Unabhängiger mit den italienischen Grünen. Seine fünf Jahre im Europäischen Parlament haben da eher das Trennende als das Verbindende gezeigt. Ein Unangepasster, der mit Parteien grundsätzlich Probleme hat. Gesinnungsgemeinschaften sind dem Individualisten wohl grundsätzlich suspekt. Dennoch versucht er es für eine zweite Periode als EU-Abgeordneter. Diesmal bei den bayerischen Grünen. Quasi als späte Antwort auf das CSU-Europamandat für Otto von Habsburg. Doch ein Obergrüner wollte den Quereinsteiger nicht. Kritiker haben ihre Schwierigkeiten mit dem Kritiker. Dieser wirkt heute bei Anfeindungen gelassener denn je, sieht aber bei Luis Durnwalder eine umgekehrte Entwicklung im Umgang mit Raunzern aller Art.

Es geht um mehr Mut und klare Verhältnisse

„Durnwalder war früher lockerer Kritikern gegenüber. Am Beginn bedeutete Durnwalder Aufbruch in Südtirol, er hat das Land geöffnet, sehr viel Anerkennung bekommen. Schon nach ein, zwei Jahren strahlte er weit über die Volkspartei hinaus. Und das hat dem Land gut getan. Die Kritiker waren im Grunde still – bis zur Peterlini-Geschichte. Da kam die erste Welle der Kritik, die er zerknirscht entgegengenommen hat. Das war schwierig für ihn. Er ist gestärkt aus der Kampagne gegen ihn herausgekommen. Heute ist er dünnhäutiger, das ist ein kritischer Moment für Südtirol: Er könnte oft mutiger sein, weil er so viel geleistet hat, weil die Volkspartei die Autonomie gebaut hat. Er gibt mir der deutschsprechenden Rechten in Südtirol zu viel nach. Wenn man denkt, was die Volkspartei mit Magnago geleistet hat: Sigmundskron mit dem ‚Los von Trient', das Paket und die Autonomie: ein großer Erfolg, die Autonomie als dynamische Angelegenheit! Durnwalder hat aus der Autonomie am Ende ein sehr erfolgreiches Land gemacht, nicht nur eine erfolgreiche Wirtschaft. Magnago hat die theoretische Basis geliefert, Paket und Autonomie. Durnwalder hat aus dieser Autonomie das Bestmögliche gemacht – verwalterisch, wirtschaftlich, nachhaltig Uns geht es so gut, dass das Jammern zum Teil aus Wohlstandslangeweile kommt."

Los von Trient, wo wie Silvius Magnago auch Reinhold Messner familiäre Wurzeln hat. Mehr als 30.000 kamen 1957 nach Sigmundskron, um gegen die Nichteinhaltung des Pariser Vertrags und für die Autonomie Südtirols zu demonstrieren. Die größte Protestkundgebung in der Geschichte des Landes. Heute ist hier die Zentrale des Messner Mountain Museums – samt Dauerausstellung über die Geschichte dieses Schlosses bzw. der Burgruine, die nun dem Land gehört, der autonomen Provinz Bozen-Südtirol, die bis 1972 *Alto Adige* hieß. Da hat Messner gerade die ersten zwei seiner 18 Achttausender-Gipfelsiege errungen – Manaslu und Nanga Parbat. Mittlerweile mehr denn je zurück am Heimatboden, sieht er hier das politische Klima vor allem durch Durnwalder freundlicher als früher.

Direktwahl statt Listenerstellung

„1986, als ich meine beiden letzten Achttausender bestiegen habe, da war Magnago noch an der Macht. Er war der Vater der Autonomie, bleibt es natürlich auch – und gleichzeitig eindeutiger Volksparteichef. Das heißt: Volkspartei war gleich Magnago, Autonomie war gleich Volkspartei plus Magnago. Durnwalder hat die Partei ja nie übernommen. Das war natürlich Kalkül. Durnwalder ist Durnwalder, und die Partei ist die Partei, und die Autonomie gehört beiden. Aber Durnwalder hat an der Autonomie gearbeitet, hat sie in Punkten weiterentwickelt. Die Volkspartei hat mitgeholfen, *Onorevole* Zeller vor allem, dass sie dynamisch bleibt. Aber man kann heute nicht mehr sagen, Durnwalder ist gleich Volkspartei. Beide bauen zwar auf die Autonomie auf, Durnwalder aber ist der Landeshauptmann für alle Südtirolerinnen und Südtiroler. Da sind also zwei Kräfte am Werk. Mein Wunsch wäre es gewesen, wenn Durnwalder es durchgesetzt hätte, dass der Landeshauptmann in Zukunft direkt gewählt würde. Es erscheint mir demokratischer. Im Moment wird der Landeshauptmann über die Partei gewählt. Die Partei setzt einen Kandidaten auf den ersten Listenplatz, und er wird Landeshauptmann. Mir wäre ein Wahlgesetz lieber wie im Trentino, wo der Landeshauptmann (Lorenzo Delai) direkt gewählt worden ist. Die Verantwortung wäre größer, auch das Vertrauen zwischen Bürgern und Landeshauptmann fester. In Südtirol wirkt der Landeshauptmann nur direkt gewählt, weil er so viele Vorzugsstimmen kriegt. Eine wirkliche Direktwahl hat die Volkspartei verhindert, wohl aus Sorge, dass später einmal ein Außenseiter mit italienischen und deutschen Stimmen zum Landeshauptmann gewählt werden könnte. Die SVP vereitelt damit, dass innerhalb der nächsten zehn, zwanzig Jahre ein Nicht-Volksparteikandidat Landeshauptmann werden kann."

Da klingt kein bisschen Sorge durch, ein wirklich direkt gewählter Durnwalder könnte noch mehr das Klischee bedienen, das seine Kritiker am liebsten zeichnen – und das er selbst durchaus selbstironisch nie ganz verneint: ein gewisses vordemokratisches Amtsverständnis, gepaart mit der Aura eines Landesfürsten. Messner erscheint die

Berechenbarkeit der greifbaren Person geradezu grundsätzlich eher geheuer als die in vielfache Anonymitäten verästelten Unwägbarkeiten einer Partei. Das aber nicht trotzt, sondern gerade wegen der Figur Durnwalder.

Das Lob des guten Regenten

„Natürlich hätte eine Direktwahl seine Person gestärkt. Doch ich bin ein Praktiker und wünsche mir, dass in Südtirol weiterhin, wie auch immer, eindeutige Mehrheiten zustande kommen. Das Land wird ansonsten ja nicht mehr regiert, es würde nur mehr laviert. Wie es in bestimmten Regierungen, siehe Rom, schon seit Jahrzehnten der Fall ist. Bei Berlusconi noch am wenigsten – aber in diesem Fall muss ich ja ‚Leider!' sagen. Dennoch brauchen wir eindeutige Mehrheiten. Auch ein Landeshauptmann muss fünf Jahre lang entscheiden und wirklich nachhaltig arbeiten können. Politisch gesehen. Das ist auch der Grund, warum ich mich vor der letzten Wahl geäußert habe, mehr habe ich ja nicht getan – weder was die Volkspartei angeht noch was den Landeshauptmann angeht. Dieses fürstenhafte Verhalten, das Durnwalder vorgeworfen wird, sehe ich nicht. Ja, er kennt Land und Leute besser als jeder andere. Da ist zum Teil Neid dabei, weil er so viel Akzeptanz beim breiten Publikum hat; weil er bereit ist, um vier Uhr früh aufzustehen, um seine Landsleute vorbeikommen zu lassen. Außerdem muss man wissen, dass seine Art eine Basisform der Demokratie ist, wie sie viele gute Regenten hatten. Diese haben auch mit allen Leuten geredet. Die Bürokratie haben sie machen lassen, aber selber versucht, zu erfahren, zu begreifen, zu schmecken, zu riechen, wie das Volk tickt, wo die Probleme liegen. Der Erfolg von Durnwalder ist unter anderem dieses Sprechen mit möglichst vielen Leuten. Es kostet sehr viel Energie und Kraft. Er ist ein Solitär, kein Gruppenspieler, aber sehr volksnah. Dieser Landeshauptmann hat immer so regiert, und niemand wird es ihm abgewöhnen können."

Durnwalder kommt dem ewigen Vergleich nirgends aus. Auch Messner setzt ihn immer wieder ins Verhältnis zu Magnago. Der Vorgänger bleibt der Vergleichsmaßstab für den Nachfolger. Überall sonst wäre er wahrscheinlich längst seine eigene Liga. Doch all seiner Popularität zum Trotz, wird er hier immer noch an einem anderen gemessen. Fürs Land ist das ein Glück: ein halbes Jahrhundert ohne personelles Interregnum. Das gibt es selten. Dass ungeachtet der Stärke des Nachfolgers der Schatten des Vorgängers fast ein Vierteljahrhundert nach dessen Rückzug noch sichtbar ist – das gibt es noch seltener. Auch für Messner wirkt Durnwalder höchstens als Komparativ, weil der Superlativ nicht verfügbar ist; angesichts der komplementären Wirkung von Südtirols Langzeit-Landeshauptleuten.

Verkörperung einer möglichen Landeseinheit

„Magnago hat anders regiert: Er hat die Fühler nach Rom hin ausgestreckt und dort seine Ausdauer und Beharrlichkeit gezeigt. In Bozen hatten die Landesräte das Sagen. So hat er uns die Autonomie gebracht. Durnwalder bestimmt, versucht, im Volk verankert, das Beste für alle. Dass er es nicht allen recht macht – das kann niemand – ist eine Sache. Er hört vielfach aus dem Volk heraus, wo es langgehen sollte, eine ganz eigene Form der Basisdemokratie. Ob die Leute das wollen oder nicht? Es ist zugleich gefilterte Basisdemokratie und Fürstentum. Aber die guten Fürsten haben so gearbeitet. Auch Maria Theresia. Jetzt greife ich weit zurück. Mir ist das System nicht unsympathisch. Ich war nie in der Früh bei Durnwalder, ich tue mir das nicht an. Ich finde auch, er muss es nicht mehr machen. Aber er tut es trotzdem, obwohl er sehr wahrscheinlich bei der nächsten Landtagswahl nicht mehr kandidiert. Ein Beweis seiner Volksnähe. Er tut es nicht, um Stimmen zu fangen, um beim nächsten Mal noch mehr Stimmen zu kriegen, er tut es, weil es zu seiner Person passt, zu seiner Politik. Es ist sein Stil, seine Art. Durch sie ist er sehr erfolgreich geworden. Er hilft Leuten natürlich, er erfährt aber auch viel, und sein Computer – sein Gedächtnis ist wie ein Computer – sein Gedächtnis wird alle Tage frisch gefüttert.“

Messner greift zurück auf Maria Theresia. Eine Kaiserin von Österreich als Erinnerung daran, dass hier aus Außensicht ein Gesamttiroler spricht, auch wenn ihm diese Anerkennung am wenigsten widerfährt. Ein Sinnbild für eine mögliche geistige Landeseinheit, untermauert von 1,1 Millionen Google-Einträgen zu seinem Namen. Bei Andreas Hofer sind es trotz zwei Jahrhunderten Vorsprung 1,4 Millionen. Luis Durnwalder bringt es auf 250.000 – soviel wie Günther Platter (160.000) und Lorenzo Dellai (90.000) zusammen. Messner, der mit dem Alpenverein in Deutschland m Clinch liegt, aber mit jenem in Österreich ein gutes Verhältnis pflegt, erlebt die Parallelverschiebungen der Tiroler Landesteile aus einer durchaus gesamtheitlichen Perspektive.

„Die Nordtiroler sind wirtschaftlich besser aufgestellt. Wir sind vermutlich inzwischen touristisch besser aufgestellt. Wir sind uns nicht ganz unähnlich. In Südtirol hat man den doppelten Haushalt, und Nordtirol hat um die Hälfte mehr Einwohner. Jetzt weise ich natürlich auf etwas hin, wo wir privilegiert sind. Mit diesem Haushalt war es nicht allzu schwierig, in Südtirol in den letzten zwanzig Jahren zu regieren. Die Nordtiroler hatten es schwieriger. Wir sind dafür von mehr Neid geplagt, weil wir so schnell und so spät gewachsen sind. Die Nordtiroler sind früher zum Erfolg gekommen. Sie gaben uns lange das Gefühl, sie seien die Tiroler, und wir die armen Südtiroler ... gut, uns hat man schlimm mitgespielt, aber jetzt können wir Schritt halten. Inzwischen sind wir angeglichen. Ich glaube, nachdem Schengen die Grenzen aufgemacht hat – und ich hoffe, dass mindestens das bleibt in unserer aktuellen Krise – können wir alle Spielmöglichkeiten zu einem gemeinsamen Tirol finden, ohne deswegen die Nationalität oder die Grenze zu verschieben. Ich habe gerade mit Angela Merkel die Frage diskutiert, wie lange es noch brauchen wird, bis es eine europäische Staatsbürgerschaft gibt. Wenn es sie geben sollte, könnte Tirol weiter zusammen wachsen, und wir würden wahrscheinlich sehr ähnlich ticken, ähnlich Erfolge haben und auch den gleichen Markt beackern. Es gibt nur diesen Weg zum ‚Ein Tirol'."

Nur Ötzi erzielt noch mehr Google-Treffer

1991 noch umwandert Reinhold Messner gemeinsam mit Hans Kammerlander Südtirol. Eine Tour mit vielfachem Symbolcharakter. Nicht nur, dass die beiden zufällig zugegen sind, als ein deutsches Ehepaar am Similaun jenen Ötzi entdeckt, der heute 3,5 Millionen Google-Treffer erzielt. Ein jungsteinzeitlicher Alpenquerer zwischen Nord- und Südtirol. Erst beansprucht von der Universität in Innsbruck, dann gelagert im Museum in Bozen. Inklusive Heimrechtsstreit zwischen den verfreundeten Landesteilen. Vor zwanzig Jahren entsteht zwar einerseits die Europaregion als Idee, doch es gilt andererseits als geistige Grenzziehung, als Messner Südtirol und nicht das größere ganze umwandert. Heute sieht er für diese Euregio jedoch mehr Chancen denn je.

„Ich gehe sogar noch weiter: Ich würde mir wünschen, dass das Trentino mit dabei ist, damit auch die italienische Seite wesentlich bleibt. Unser Erfolg ist auch auf diese Mischung zurückzuführen, die wir haben. Magnago hat das eher beschnitten. Für ihn waren die Assimilierung, die Mischkultur und die Multikultur das Schlimmste, was es gab. Inzwischen äußern sich bestimmte Blogger im Internet ja so ähnlich wie früher die Volkspartei. Das ist natürlich ein Wahnsinn angesichts des fürchterlichen, katastrophalen Unglücks in Norwegen durch ein Verbrechen. Ohne jetzt näher darauf einzugehen, finde ich es sehr interessant, was passiert, wenn man in dieser Art die Volksgruppen auseinandertreibt. Doch zurück zur Europaregion: Nicht nur weil mein Großvater daher kommt, sondern weil es kulturell sehr ähnlich ist und Ladinien gestärkt würde, wünsche ich mir, dass auch das Fodom-Gebiet bis Colle Santa Lucia dazu gehört. Mit Osttirol, Trentino, Südtirol und Nordtirol wären es dann fünf Teile des alten Tirol, die wieder enger zusammen wachsen würden. Das wäre keine Mikroregion mehr, sondern schon eine etwas größere Region in Europa. Wenn wir Südtiroler eine europäische Staatsbürgerschaft hätten, wären wir endgültig heraus aus diesem nationalen Gezerre. Ich halte ja alle Nationalstaaten für Fehlgeburten, aber sie sollten genutzt werden, bis man zu einem wirklich gemeinsamen Europa kommt. Das dauert vielleicht noch ein paar Jahrzehnte, aber dann sollte man die Nationalität mehr oder weniger in den Wind schreiben. Sie ist nicht wichtig. Die lokale Einbindung, die lokale Zuordnung ist mir viel wichtiger. Deswegen sage ich ja schon seit Jahrzehnten: Ich bin Südtiroler, eventuell auch Tiroler, ich bin Europäer und Weltbürger, aber kein Italiener und kein Österreicher und kein Deutscher. Und ich möchte das auch nicht sein. Dieses Anbinden an das österreichische Mutterland oder Vaterland, stimmt historisch doch nicht. Wir sind im Ersten Weltkrieg vom Kaiserreich weggerissen worden als Kriegsbeute, und das Kaiserreich gab es nachher nicht mehr. Österreich hat uns dann wesentlich geholfen, dafür sollten wir dankbar sein. Und mit den Tirolern haben wir immer ein gutes Einvernehmen gehabt. Immer wieder haben uns die Tiroler unter die Arme gegriffen – bestimmte Landeshauptleute mehr, andere weniger. Aber heute sind wir gleichwertig. Wir sollten nicht auf die Nordtiroler herunterschauen, aber uns auch nicht von oben herab betrachten lassen."

Messners Standortbestimmung klingt in der Ordnung der Ebenen von lokaler und regionaler Verbundenheit, aber der fehlenden nationalen Einbindung geradezu deckungsgleich wie die Selbstverortung Durnwalders, der auch durch dieses Manko geradezu zwangsläufig ein größeres Gebilde als den Staat bemüht. Der Buchtitel „Luis Durnwalder, der Südtiroler und Europäer" ist auch für den Ehrenbürger von Villnöß eine richtige Einschätzung des Pusterers, der sich von einem klaren Vertreter der deutschsprachigen Volksgruppe zu einem Landeshauptmann für alle entwickelt hat.

Neidgesellschaft als Kehrseite des Reichtums

„Ja, er ist auch ein Europäer. Er spricht ja auch für dieses Euregio, er spricht für die Alpen als einem Kulturraum in Europa. Er wehrt sich, sagt, dass wir eine eigene, aber gemeinsame Berglandwirtschaft haben und dass sie nicht untergehen darf, weil wir sonst unsere Kultur verlieren. Wir Südtiroler könnten zum Beispiel die fünf Gemeinden im Belluno, die jetzt zum Veneto gehören und früher zu Tirol gehörten, wieder hochfüttern und lebendig machen mit ihrer alten Bergkultur. Unsere Bauern würden schon runter gehen, und die zweiten Kinder könnten diese Dörfer wieder aufbauen, die dort kaputt sind."

Letztlich ist er selbst mehr Politiker, als er sich eingestehen würde. Von Sozialromantiker bis Westentaschenphilosoph haben sie Reinhold Messner schon viel umgehängt. Doch auch wenn er den Yeti nicht geschaut haben sollte, hat er doch schon mehr gesehen als alle, die ihm schlicht die Legitimation absprechen, über alles und jedes zu reden. Wenn einer schon nicht sprachlos zurück kommen kann vom Gipfel, dann soll er im Tal höchstens unterhalten wie Luis Trenker. Doch der Welt berühmtester Bergsteiger leistet sich weiterhin die Anmaßung, weiter zu denken als bis zum nächsten Haken in der Wand. Entsprechend zwiespältig, aber auch umfassend fällt seine Zwischenbilanz der wichtigsten positiven und negativen Aspekte in der Ära Durnwalder aus.

„Als negativsten Aspekt sehe ich den Neid. Ich kenne kaum ein Land im deutschen Sprachraum, das so von Neid geplagt ist wie Südtirol zurzeit. Durch den Erfolg ist auch der Neid gewachsen, und er wurde geschürt und wird weiter geschürt, vor allem von den Medien. Am deutlichsten ist das durch die Leserbrief-Manie, ich nenne sie Wiederkäuerei, in allen drei deutschsprachigen Zeitungen bzw. Magazinen. Da schreiben jede Woche die gleichen Leute ihre Pseudo-Kommentare. Das fließt diesen Redaktionen ja umsonst zu. Ein gutes Blatt hat Kommentatoren, die in Ruhe nachdenken können, um über Problemfragen zu schreiben. Die Südtiroler haben Leserbriefschreiber, die alles durchkauen. Wenn eine Zeitung, da ist inzwischen keine besser, oft durch Kampagnen-Journalismus ein Thema hat und in eine bestimmte Richtung treibt, kommen die Leserbriefschreiber nachgaloppiert auf der Wiese und wiederkauen den ganzen Müll, ein bisschen angereichert mit nicht Verstandenem aus dem *Spiegel,* der *Süddeutschen* oder wo immer her. Das finde ich eine Schande. Daher nährt sich ein wesentlicher Teil dieser Neidgesellschaft. Warum so was betrieben wird? Natürlich auch wegen des Erfolges, den Durnwalder dem Land gebracht hat."

Messner, der Privilegierte, sieht wie Durnwalder, der Macher, durchaus auch die sozialen Probleme infolge des Reichtums im Land. Die beiden vereint auch die Fähigkeit hinzuschauen, mehr, als es ihren so verschiedenen Images entspricht. Vielleicht auch infolge von Bildungsähnlichkeiten und einer pädagogischen Parallelität. Messner hat ebenfalls studiert – Vermessungskunde, allerdings italienischsprachig an der Universität Padua, und anders als Durnwalder fehlt ihm der Abschluss. Doch beide sind nur ein Jahr lang Lehrer für Mathematik an einer Mittelschule. Sie suchen rasch andere Wege – letztlich wohl immer, um andere zu überzeugen. Zwei Leidenschaftliche – auch für Land und Leute. Messner hat mehr Bezug zu dieser Gesellschaft, als die Einsamkeit des Egomanen vermuten lässt.

„Das Land ist wahnsinnig teuer geworden. Sie können ja in Südtirol nichts mehr kaufen. In der Toskana kriege ich für das gleiche Geld zehn Hektar und in Südtirol nur einen Hektar Weinfläche. Junge Leute, die ja nicht allzu viel verdienen in Südtirol, obwohl sie besser verdienen als die Rest-Italiener, können sich das Leben kaum noch leisten, wenn sie nicht einen guten Beruf haben oder beide arbeiten. Es ist nicht leicht, obwohl es uns gut geht, zurechtzukommen. Das sprengt unser friedliches Miteinander. Damit meine ich jetzt nicht das Verhältnis zwischen Italienern, Deutschen und Ladinern, sondern das Zusammenleben zwischen der bäuerlichen Gesellschaft, der städtischen Gesellschaft, den Arbeitern in der Industrie, den Dienstleistern. Es ist allerorten zu spüren, wie der Neid wächst. Auch bei der Honorierung der Politiker: ‚Die verdienen alle zu viel', heißt es. Doch Durnwalder hat sich sein Geld mehr als verdient. Für das, was er für das Land geleistet hat. Wenn es ihm nicht gelungen ist, den Neid niederzuhalten, nur weil wir zu wenig Erfahrung damit haben. Sozialpolitisch sind wir in Südtirol nicht besonders erfahren. Ob wir es in dieser Hinsicht gut machen oder nicht, wage auch ich nicht zu beurteilen. Durnwalder jedenfalls denkt auch sozial."

Ein Ebenbürtiger zur Legende Magnago

Letztlich siegt die jahrzehntelange Position des Aufbegehrers. Messner tut sich hörbar schwer, den negativen Aspekten nicht zuviel Raum zu widmen, die Verhältnismäßigkeit nicht falsch zu gewichten. Denn bei Mängeln ist er ständig versucht, gleich Alternativen aufzuzeigen. Ein Weltverbesserer ohne Minderwertigkeitskomplex. Groß genug, um anderen ihren Rang zuzugestehen. Bei Durnwalder ergibt das ein positives Gesamturteil, wie es der grundsätzliche Skeptiker Messner nur selten ausspricht.

„Durnwalders Leistung ist ebenbürtig mit jener von Magnago. Ich bin sicher, dass in zwanzig Jahren Magnago und Durnwalder im Rückblick gleich geschätzt und bewundert werden. Dass sie aus dieser Autonomie etwas Positives gemacht haben. Aber der Erfolg in Südtirol kommt von Durnwalder, nämlich das Potenzial voll ausgeschöpft zu haben. Auch wenn ihm nicht alles gelungen ist. Die Mobilität ist nicht perfekt geworden, weil er zu sehr gezögert hat. Die Energie bleibt in einer Hand, und davon ernährt sich vielleicht in zwanzig Jahren das ganze Land. Bei der Energie hätte ich es auch lieber gehabt, wie er es ursprünglich gesehen hat, aber seine Idee wurde durchlöchert: Wenigstens hätten wir die Chance, Südtirol als erfolgreiches, sauberes Energieland zu gestalten. Jetzt ist es ziemlich verfahren und zerstritten und es geht sehr viel Wasser umsonst die Etsch hinunter, das genutzt werden könnte. Das meine ich eher im Emotionalen."

Die Zeit drängt. Das Interview nähert sich seinem vorher fixierten zeitlichen Ende. Die Tage des Herrn auf Sigmundskron sind ähnlich dicht verplant wie jene des Regenten im Bozner Landhaus. Doch Messner hetzt nicht. Das Gespräch ist ihm wichtig. Anders als sonst lehnt er das Angebot nach einer Autorisierung des verschriftlichten Interviews nicht ab. Der vielfache Buchautor kennt die Nachschlagefunktion des langsamen Mediums. Bei der Einschätzung Durnwalders legt er Wert auf die Zwischentöne. In der Abschätzung des Nachfolgers liefert er statt eines Tipps eher ein Anforderungsprofil.

Ein Anforderungsprofil des Nachfolgers

„Rein gefühlsmäßig braucht es danach wieder einen Städter. Unter Durnwalder ist hier vor allem die Wirtschaft und die Bergkultur zum Tragen gekommen. Das hat er als Pragmatiker erreicht, als ein Politiker, der sehr tief im Volk verwurzelt ist. Vielleicht braucht es jetzt wieder einen Gruppenspieler, unter dem die Landesräte wieder entscheiden – so wie bei Magnago. Dann kann der Landeshauptmann mehr europäische Politik machen und sich zusehends von Rom lösen. Es war ja sehr aufschlussreich, was hier in der jüngsten Zeit passiert ist: Die römischen Politiker haben mit uns geredet, als wären wir ein eigener Staat, als würde zwischen Rom und uns Außenpolitik gemacht. Das sehe ich als gutes Zeichen. Wir sind so stark geworden, dass man in Rom das Gefühl hat, da muss man den Außenpolitiker schicken oder den Funktionär, der für Außenpolitik verantwortlich ist. Ich finde das schön, weil es zeigt, wie stark unsere Autonomie unter Durnwalder geworden ist. Wir sind keine Hampelmänner, die nur nach Roms Gnaden unsere Politik und Wirtschaft gestalten können. Natürlich gibt es in Südtirol keine Außenpolitik. Aber ich würde mir wünschen, dass wir unsere Zukunft auf eine engere und engere Zusammenarbeit in der EU aufbauen. Wenn die EU nicht zusammenbrechen will, kommt sie nicht aus ohne gemeinsame Steuer- und Wirtschaftspolitik. Wieder ein Vorteil für uns. Und wir werden nie mehr zwischen den Stühlen sitzen, wenn wir zu EU-Bürgern werden, zu wirklichen Europäern. Die Volkspartei darf sich ja nicht von den rechten, EU-kritischen Gruppierungen treiben lassen. Sie muss als Richtungsgeber das Land wie unter Magnago und Durnwalder in ein europäisches Selbstverständnis hineinführen, statt weiterhin Kleinkrämerei, Provinzialismus, Kirchturmpolitik zu betreiben. Wer das kann, vermag ich nicht sagen. Ich glaube nicht, dass ein Außenstehender die Kraft hat, sich ohne politische Erfahrung zum Landeshauptmann wählen zu lassen. Es wird ein Politiker sein, den wir schon kennen, und ich hoffe, dass einer die Kraft hat, nach dieser starken Persönlichkeit Durnwalder stark weiterzumachen. Denn ich möchte in diesem Land meine Seniorenzeit friedlich verbringen und hoffe, dass auch meine Kinder hier als Europäer bleiben können."

Am Horizont der geistigen Landeseinheit

Assoziationen zum Hohen Frauentag der Tiroler am Ferragosto der Italiener

15. August 2011. Mariä Himmelfahrt. Hierzulande der Hohe Frauentag, weil Andreas Hofer vor 202 Jahren Tirol der Heiligen Jungfrau Maria anvertraut hat. Seit 1959 ehrt das Land die Seinen – mit Ehrenring und Erbhofurkunden, mit Verdienst- und Lebensrettungsmedaillen. Da sind beide Landeshauptleute gefragt. Die Orden gehen an Nord-, Ost- und Südtiroler.

Heute erhält Krista Hauser das Verdienstkreuz des Landes. Das weckt berufliche Erinnerungen. Als ich im Herbst 1981 in der *Tiroler Tageszeitung* beginne, wechselt die Kulturchefin der *TT* gerade zum ORF. Ich arbeite nur wenige Tage in einer Redaktion mit jener Frau, deren Artikel mir als Leser am besten gefallen haben. Vor allem im *horizont*, den „kulturpolitischen Blättern für Tirol". Gegründet 1972 von *TT*-Eigner Joseph S. Moser, gelingt damit unter Wolfgang Pfaundler von Beginn an die beabsichtigte überregionale gesellschaftspolitische Positionierung. Knapp vor Entstehung der Arbeitsgemeinschaft der Alpenländer (Arge Alp) will der Verleger mit dieser *TT*-Beilage Tirol innerhalb der Alpenregionen stärker profilieren – und zwar vor allem als Gegengewicht zu Bayern.

Moser erreicht sein Ziel. Bis 1980 erlangt der *horizont* durch ein weltoffenes Konzept hohe Bekanntheit und Akzeptanz weit über die angestammten Zielgruppen eines Kulturressorts hinaus – auch außerhalb Tirols. Dafür ist nach den ersten drei Ausgaben Krista Hauser verantwortlich. Ihre Editorials zeigen ein gesellschaftspolitisches Verständnis, das durchaus die Aufbruchstimmung in Folge der 68er vermittelt. Dies alles aber auf einer Blattlinie, die noch zu Beginn des dritten Jahrtausends mit folgendem Absatz beginnt: „Die *Tiroler Tageszeitung* berichtet als Landeszeitung objektiv und in völliger Unabhängigkeit von politischen und wirtschaftlichen Interessensgruppen. Sie setzt sich ein für die Interessen Tirols, berücksichtigt die Besonderheiten des ökologisch sensiblen Alpenraums, achtet in zeitgemäßer Art die Traditionen des Landes und betont die geistige Einheit Gesamttirols."

Wie stark diese Ausrichtung auf eine geistige Landeseinheit ist, zeigt auch die Besetzung der Südtirol-Redaktion der *TT.* Ihr Leiter Hartmann Gallmetzer wechselt die Seiten und wird Generalsekretär der SVP. 1989, im Jahre eins von Luis Durnwalder. Doch während es der *Oschtia* – so sein redaktioneller Spitzname *draußen* – beim achtjährigen Intermezzo belässt, ist *der Luis* heute wieder offiziell da. Am 15. August 2011, wenn sich das offizielle Tirol in der Kaiserlichen Hofburg zu Innsbruck trifft, während *drinnen* die Uhren schon etwas anders ticken. Dort ist heute eher *Ferragosto.* Der Festtag des Augustus, der Wendetag des Sommers, wahrscheinlich der älteste Feiertag der Welt. In Kaisers Zeiten sogar für Sklaven arbeitsfrei.

Nachwort

Vergiss *Ferragosto!* Am 16. August braucht der Verlag das komplette Manuskript. Sonst geht es sich nicht mehr aus mit Buchpräsentationen noch vor 23. September, dem Geburtstag des Porträtierten. Am Hohen Frauentag, zu Mariä Himmelfahrt muss sie fertig sein, die Biografie. Nein, keine Biografie.

Diese Ankündigung aus dem Vorwort erfüllt sich von Seite zu Seite deutlicher. Das ist keine Chronik eines Versagens, sondern die Dokumentation einer Verweigerung. Durnwalders Lebensstationen sind in Robert Asams *Der Luis* bis zu seinem sechzigsten Geburtstag anekdotenreich beschrieben. Ihre kompakte Einbettung ins globale Geschehen für das vorliegende Buch basiert zum Teil auf der wirklichen Biografie von vor zehn Jahren.

Die Dekade seitdem jedoch bietet mehr als Annalen, wie sie jedes Jahrbuch auflistet. Es ist einerseits die Geschichte einer Verfestigung, die Abrundung eines Mannes im Beginn seines Herbstes. Die Interviews mit Durnwalder abseits der Tagesaktualität bilden zwar kein Vermächtnis, doch sie taugen durchaus zum Manifest. In ihnen offenbart sich der Landeshauptmann in einem Selbst- und Amtsverständnis, wie es andernorts Ende des zweiten Jahrtausends verloren gegangen ist.

Deshalb sind diese Aussagen – meist als direkte Rede – der Kern dieses Buches. Denn sie weisen zwar einerseits zurück in eine Zeit der Landesväter, die es ansonsten so nicht mehr gibt – und nach Durnwalder auch nicht mehr geben wird. Doch sie zeigen andererseits auch einen pragmatischen Macher von einer Vorwärtsorientierung, wie sie selten geworden ist. Andere mögen ständig schwindende Gestaltungsspielräume beklagen. Er handelt – rasch.

Dies alles mag zu einem großen Teil der mittlerweile privilegierten Spezialsituation jenes Südtirol entspringen, von dem *drinnen* wie *draußen* immer deutlichere Züge eines wahren Regionalstaats wahrgenommen werden. Doch dass es so weit kommen konnte, dass dieser durchaus luxuriöse Status erreicht wurde, ist zu keinem kleinen Teil eben ein Verdienst von Luis Durnwalder. Sein Lebenswerk, soweit dies nach 43 Jahren Landespolitik eine zulässige Bezeichnung sein sollte – für den früheren Hochschülerschaftspräsidenten, einstigen Bürgermeister, Ex-Bauernbunddirektor, ehemaligen Landesrat und jetzigen Landeshauptmann.

Zwischen Vor- und Nachwort bleibt dieses Buch der Versuch, einer Persönlichkeit nahe zu kommen, ohne persönliche Grenzziehungen zu übertreten. Luis Durnwalders Lebensgefährtin Angelika Pircher will keine Interviews geben, sonst wäre ihr hier der entsprechende Raum gegeben. Aufgrund dieser Zurückhaltung werden aber auch seine frühere Partnerinnen Gerda Furlan und Heike Müller nicht zitiert. Nur der Porträtierte selbst kommt zu seinem Privatleben zu Wort. Das mag eine Enttäuschung aus der Schlüssellochperspektive sein. Doch es schafft mehr Platz für das Politische, für jenen Luis Durnwalder, der einerseits zwar die Europaregion mit seinen Nachbarn beschwört, aber andererseits unentwegt eine Makro-Euregio zwischen Brennerpass und Salurner Klause bastelt. Das erinnert durchaus an den Titel einer gemeinsamen Tiroler Landesaustellung in den 1990er Jahren: Eines Fürsten Traum.

Wenn vor allem Wendelin Weingartner diese Entwicklung durchaus zwiespältig sieht, entspringt dies weder bei ihm noch dem Verfasser des Buches aus der Intention, Luis Durnwalder negativ darstellen zu wollen. Es geht viel mehr um die Gegenüberstellung von Modellen, bei denen einiges gleich heißt, aber vieles doch verschieden gemeint ist. Das wird auch aus den Einschätzungen von Reinhold Messner und Hans Karl Peterlini deutlich. Ihr Urteil hat Gewicht. Ihre Kritik bedeutet Wertschätzung.

Letztlich ist es schwieriger als befürchtet, hürdenreicher als erwartet, umständlicher als erhofft, als einer *von draußen* dieses Buch über einen *von drinnen* zu schreiben. Ich habe in kurzer Zeit mehr über die Heimat meines Vaters gelernt als in zumindest dreißig durchaus wissbegierigen Journalistenjahren davor. Wenn es gelingt, davon nur einen Bruchteil an Sie, liebe Leserin, lieber Leser, weiterzugeben, dann erfüllt dieses Werk wenigstens die Absicht seines Autors – als Durnwalder-Lesebuch nicht nur ein Südtirol-Lesebuch zu sein, sondern auch ein Tirol-Lesebuch, ein Europaregions-Hoffnungsbuch und vielleicht sogar ein bisschen ein Europa-Traumbuch. Dass Sie diese letzten Zeilen noch lesen, lässt mich hoffen, dass es so ist. Danke.

Literaturverzeichnis

(jeweils nur Auswahl)

PERIODIKA

Der Spiegel
Die Zeit.
Dolomiten
Echo Tirol
FF – Die Südtiroler Illustrierte
Focus
Neue Südtiroler Tageszeitung
südtirol profil
Tiroler Tageszeitung

INTERNET

de.wikipedia.org
provinz.bz.it
ots.at.
pfalzen.it
stol.it
suedtirolnews.it
svpartei.org
tirol.gv.at
tt.com

BÜCHER

Arbeitsgruppe Regionalgeschichte (Hg.): Tirol – Trentino, eine Begriffsgeschichte (Wien/Bozen, Folio, 2000)
Robert Asam: Der Luis – Luis Durnwalders Aufstieg zur Macht (Bozen, Athesia, 2001)
Biographisches Handbuch des Tiroler Landtages und der Tiroler Landesregierung (Innsbruck, 2006)
Martha Ebner: Mein Leben zwischen Familie und Politik (Bozen, Athesia, 2002)

Michl Ebner: Südtirol 2009 – Gedanken über Gegenwart und Zukunft (Bozen, Athesia, 2003)
Felix Ermacora: Südtirol und das Vaterland Österreich (Wien/München, Amalthea, 1984)
Peter Filzmaier/Peter Plaikner/Günther Pallaver/Isabella Cherubini (Hg.): Tiroler Jahrbuch für Politik 2003/2004 (Bozen, Athesia, 2004)
Hubert Frasnelli: Die Herrschaft der Fürsten – Macht, Zivilcourage und Demokratie in Südtirol (Klagenfurt, Wieser, 2000)
Claus Gatterer: Schöne Welt, böse Leut. Kindheit in Südtirol (1969; 3. Auflage: Wien, Folio 2007)
Kathrin Hämmerle/Peter Plaikner (Hg.): Tiroler Jahrbuch für Politik 2008/2009 (Wien, Facultas, 2008)
Reinhold Messner: Rund um Südtirol (München, Piper, 1993)
Rainer Nick/Josef Wolf (Hg.): Regionale Medienlandschaften – Tirol, Südtirol und Vorarlberg (Innsbruck, Studia, 1996)
Günther Pallaver (Hg.): Politika 09, Politika 10, Politika 11 – Jahrbücher für Politik (Bozen, Raetia, 2009, 2010, 2011)
Peter Pernthaler: Die Identität Tirols in Europa (Wien, Springer, 2007)
Hans Karl Peterlini: Wir Kinder der Südtirol-Autonomie (Wien/Bozen, Folio, 2003)
Hans Karl Peterlini (Hg.): Silvius Magnago – Das Vermächtnis (Bozen, Raetia, 2007)
Meinrad Pizzini (Hg.): Zeitgeschichte Tirols (Innsbruck, Tyrolia, 1990)
Plattform Nord-Süd (Hg.): Ecoregio 2020 – Die wirtschaftliche Zukunft von Tirol, Südtirol und Trentino (Innsbruck, Studienverlag, 2008)
RAS (Hg.): 25 Jahre Rundfunk-Anstalt Südtirol (Bozen, Raetia, 2000)
Benedikt Sauer/Michael Sprenger: Dreierwatter – Banken, Macht und Politik rund um die Brennerachse (Innsbruck, Studienverlag, 2003)
Rolf Steininger: Südtirol – Vom Ersten Weltkrieg bis zur Gegenwart (Innsbruck, Studienverlag, 1999)
Südtiroler Landesregierung, Bozen: Südtirol-Handbuch (Bozen, 2009)
Friedl Volgger: Mit Südtirol am Scheideweg (Innsbruck, Haymon, 1984)
Wendelin Weingartner (Hg.): Nachdenken über Tirol (Innsbruck, Haymon, 1993)

Bildnachweis

Archiv der Tageszeitung DOLOMITEN: 10, 124, 140
Archiv Landespresseamt der Autonomen Provinz Bozen - Südtirol:
36 o, 69 o, 70 o, 70 u, 71 o, 71 u, 76 o, 76 u, 102 o, 102 u, 106 o, 106 u, 107 o, 107 u, 108, 130, 170
Arno Pertl: 141 o, 141 u, 142 o, 142 u, 143 o, 143 u
Cover/Schroffenegger: 144
Privatarchiv Durnwalder: 33, 34, 35, 36 u, 72 o, 72 u, 104

„Wer sind wir Österreicher? Welche Assoziationen und Emotionen bestimmen unsere Identität? Welche Gedenkfeiern und Denkmäler, welche Mythen und Rituale, welche materiellen und ideellen Erinnerungsorte bilden zusammen das Netz des kollektiven Gedächtnisses der „österreichischen Nation"? Johannes Sachslehner lässt in „Schicksalsorte Österreichs" Geschichte und Erinnerung lebendig werden.

Johannes Sachslehner
SCHICKSALSORTE ÖSTERREICHS
Band 1

320 Seiten, 17 x 24 cm
Hardcover mit SU, durchg. Farbe
€ 29,95 · ISBN: 978-3-222-13278-0

Österreich ist reich an Erinnerungen, reich an Plätzen, die eng mit den Menschen und dem Schicksal des Landes verknüpft sind. Unvergessliche Ereignisse bestimmten den Lauf der Geschichte und prägen bis heute das Gedächtnis der Nation wie der Generationen.

Johannes Sachslehner
SCHICKSALSORTE ÖSTERREICHS
Band 2

288 Seiten, 17 x 24 cm
Hardcover mit SU, durchg. Farbe
€ 29,95 · ISBN: 978-3-222-13298-8

Heinz Nußbaumer, vielfacher Preisträger für seine Reportagen und Interviews wie für sein humanitäres Engagement, schildert in diesem Buch Dinge, über die er bisher nicht geschrieben hat. Begegnungen mit Herrschenden, als stiller Briefträger zwischen den Fronten, Augenzeuge in Krisen und Katastrophen - er war dabei, wenn Geschichte geschrieben wurde. Und nun tut er es selbst ...

Heinz Nußbaumer
MEINE KLEINE GROSSE WELT
Begegnungen Erfahrungen Erinnerungen

280 Seiten, 13,5 x 21,5 cm
Hardcover mit SU, SW- und Farbabbildungen
€ 24,99 · ISBN: 978-3-222-13343-5

Zwei Jahrtausende österreichische Geschichte in Wort, Bild und Kartenmaterial. Ein spannendes Lesebuch, in dem das Geschehen „von allen Seiten anschaubar, begehbar und begreifbar" wird (Hugo Portisch). Ein Zugang zur Geschichte, wie es ihn in dieser Form im deutschen Sprachraum bisher nicht gegeben hat.

Wilhelm J. Wagner
BILDATLAS ZUR GESCHICHTE ÖSTERREICHS
Mit einem Vorwort von Hugo Portisch

288 Seiten, 21 x 29,7 cm
Hardcover mit SU, durchg. Farbe
€ 29,99 · ISBN: 978-3-222-13345-9

IMPRESSUM

ISBN 978-3-222-13347-3

Wien · Graz · Klagenfurt

Bücher aus der Verlagsgruppe Styria gibt es
in jeder Buchhandlung und im Online-Shop

styriabooks.at

Lektorat: Reinhard Deutsch

Umschlaggestaltung: Bruno Wegscheider
Buchgestaltung: Anna Caterina Wegscheider

Druck: Druckerei Theiss GmbH,
St. Stefan im Lavanttal